— 自然 生命 成长 和谐 —

《幼儿园生命成长启蒙教育课程》丛书编写委员会

主 编

陈学群

副主编

吴耀群 彭 云 乔 彦

编 委
（以姓氏笔画为序）

王 妍 王晓玲 许建华

杨己洁 吴忆菁 陈 乐

范 曌 易 娟 赵 茜

排 版

朱映彤

幼儿园生命成长启蒙教育课程丛书

教师用书 小班（上）

彭云 王妍 著

南京师范大学出版社
NANJING NORMAL UNIVERSITY PRESS

序 一

叶圣陶先生说过:"教育是农业,而不是工业。"我非常赞同这一观点。

教育是农业,儿童是种子,教师是农夫。种子的胚胎孕育着无穷的生命力,农夫把种子植入土壤,种子吸收水分和营养,自然地、自主地生长。农夫再好,再高明,也终究代替不了种子成长,只能帮助种子成长,而种子需要"亲自"成长。种子是生命成长的主体。农夫的作用只在于为种子提供适合的条件和环境,助力种子的成长。我之所以不赞同"教育是工业",是因为工业是加工,是塑造,并且现代工业是机械化地加工划一性的产品。如果教育是工业,教师是工人,儿童就是被加工、被改造的对象,而不再是一个有充分生命活力的人,不再是一个具有独特生命的"我"。教育是农业,而不是工业,意味着教育要尊重儿童生命的本性,把他们真正当作教育活动的主体,使他们依靠自己的力量,率性发展,实现自我。

教育的农业隐喻,意味着教师必须为儿童的成长提供条件,让儿童自主成长。二幼的老师深谙这一教育哲理,提出了"生命成长"启蒙课程。"生命成长"启蒙课程,是幼儿阶段实施的基于生命、通过生命、为了生命的课程。基于生命,就是课程以生命为原点,直面生命发展的需要;通过生命,就是通过生命的活动,遵循生命发展的规律;为了生命,就是为了生命的成长,促进儿童全面而和谐、自由而充分、独特而富有个性的发展。

生命成长的课程是基于儿童的课程,是"儿童在中央"的课程。长期以来,课程被视为有计划的教学科目。如此理解的课程,是专家、教师、成人为儿童编制的课程,在这样的课程中,尽管有这样那样"为了儿童"的理由,但终究不是儿童的自我选择。课程是成人为儿童谋划的课程,成人是课程的"主人",儿童是课程的"客人"。生命成长的课程从儿童出发,从儿童的天性出发,从儿童生命成长的需要出发,将儿童放在正中央,真正成为儿童自己的课程,成为儿童选择和喜欢的课程。

生命成长的课程是儿童探索和体验的课程。儿童的生命是自主的,自主的生命只有通过自由自主的活动展现出来。因此,生命成长的课程不同于学科本位的课程,它遵循的不是知识的逻辑,而是生命的逻辑,是儿童生命的经历和体验。它需要借助儿童的活动,在活动中体验,在参与中收获。这种收获,远不止知识、能力,更多的是生命的获得感。课程中的儿童,是活泼的、充满生机的,因此,也是可爱的、幸福的。

生命成长的课程是生活的课程。生活是生命的展现,生命成长的课程不仅内容源于生活,而且课程本身也是生活。当年杜威批判学校脱离社会,教育脱离生活,为改变这种状况,他倡导"教育即生活""学校即社会"。而今天,这一切又在"生命成长"课程中得以重现。在二幼花园般的校园里，儿童喜欢沐浴在大自然的阳光下，在草地上、绿荫中做一个顽童，做一个"农夫"；喜欢在生活馆中做一个摆弄锅碗瓢勺的"厨师"……他们尽情地玩耍，在亲近自然中聆听生命的律动，体验生命的惊喜，收获着幸福，收获着童年。

生命成长的课程是诗意的课程。诗意是自主的、自由的、天真的、烂漫的，是生活的一种自在状态，也是生活的一种憧憬与追求。"人，诗意地栖居在大地"。德国19世纪浪漫派诗人荷尔德林的这句诗，深刻阐释了生命的本性、生命的渴求。生命成长的课程，使儿童生命诗意地栖居于课程中。在二幼，看到了快乐的儿童，或游戏，或种植，或探究……他们在游戏中，在生活中，也在学习中。在这里，生活就是课程，游戏就是学习。

儿童成长的课程有着太多的特质，但所有的特质都围绕着一个核心，这就是"儿童"，一个站立起来的儿童。儿童是鲜活的生命体，儿童是有生命力的，儿童是美好的，儿童是天真的、善良的，有着生命冲动和好奇，有着学习和探究的欲望……这就是儿童的天性。我们的教育能做的就是呵护天性，为儿童的发展不断地创造条件。教师是"园丁"，为充满生机的"禾苗"浇水、施肥、撒药，欣喜地看着他们茁壮成长。

二幼的教师们不仅谙熟生命成长的原理，还创造性地把这些原理变成了教育行动。多年来，从"健康成长"到"生命成长"，沿着"生命成长之路"，他们一路探索，一路走来。"尊重儿童、崇尚天性、自由充分、完整儿童"，这一令人兴奋不已的教育理念，在二幼，在二幼的"生命成长"启蒙课程中，变成了现实。他们取得了成功。这种成功不仅仅是建构了生命成长启蒙教育的课程，更在于他们培养了"亲近自然、热爱运动、良好品性、乐于探究"的幸福儿童。

我由衷地祝贺二幼，祝贺他们在课程开发上取得的成绩，更祝福二幼的孩子们，因为你们在活动中拥有一个幸福的童年，那将是你们一生永远的财富。

南京师范大学　冯建军

2017年10月

序 二

沿着生命成长之路前行

这里是幼儿生活的乐园，绿树葱葱，花香弥漫，乐韵悠扬；这里是幼儿游戏的天堂，以树为荫，以水为饮，以石为趣。

在这里，回归自然的生命成长启蒙教育正在启程，让幼儿享有幸福的童年生活，让自然典雅和生命灵动相融，让"生命孕育于自然之源，成长得之于和谐之境"的教育理念得以体现。在这所古朴典雅的园子里，教师、幼儿与家长一同创造优质愉悦的教育生活。

为了幼儿的健康成长，来吧！让我们一起经历生命的传奇，一起享用自然的馈赠，一起感受成长的欣喜。

一、从"健康成长"走向"生命成长"

我们的幼儿园——南京市第二幼儿园（简称二幼）是一所江苏省省级示范园，历史悠久，创办于1949年，美国前大使司徒雷登先生曾经在这里居住过，20世纪50年代至90年代末期是一所寄宿制的幼儿园，优质的幼儿保育保健使二幼远近闻名，也成为二幼健康教育特色的起源。自"九五"起，南师大教科院唐淑、张慧和、虞永平、顾荣芳等多位教授来园指导，由此开始了我们的"幼儿健康教育实践探索之路"。"十五"期间，我们从集体教学形式的幼儿健康教育开始摸索架构综合主题式的"健康成长"园本课程。"十一五"期间开始深入研究"幼儿生命安全保护的实践研究"。至此，二幼在"健康教育"特色的引领、拓展下相继形成了"信息技术""幼儿戏剧""数字美术"等个性鲜明的特色课程。"十二五"期间，随着所参与的省市规划课题研究的不断深入，课程内容日益丰富，课程结构趋于合理、课程内涵得以充分拓展，在全园教职工多年的共同努力和园本文化的积淀中，我们提出了幼儿园生命成长启蒙教育课程，一脉传承的园本特色也为幼儿园生命成长启蒙教育课程的不断架构、丰富与实施提供了肥沃的土壤。

从"健康成长"走向"生命成长"，我园的健康教育从单领域的健康教育走向课程理念下的健康教育，从关注幼儿的自身行为习惯的养成到关注幼儿、教师、家长三方构成的微观环境产生的教育影响，从幼儿被动接受健康教育到激发幼儿生命个体主动探寻、实现自己内在成长的动力。幼儿园生命成长启蒙教育课程以生命个体为中心，更加关注幼儿成长的过程，关注幼儿主体建构。幼儿园生命成长启蒙教育课程把幼儿的生活经验作为课程的内容和资源，让幼学习的过程成为生命的展现历程，让园本课程成为幼儿发展历程中的一段记录。生命成长启蒙课程，把人的生命发展作为课程的原点和核心，引导他们不断地超越自我，过有意义、有价值的生活，提高现实生活的质量，促进幼儿生命和教师教育生命的不断发展和完善。

二、我们的幼儿园生命成长启蒙教育课程

二幼的幼儿园生命成长启蒙教育课程，以"生命孕育于自然之源，成长得之于和谐之境"为核心价值追求，将教育定位为回归自然的生命成长启蒙教育；以"致力于促进幼儿全面而和谐、自由而充分、独特而富有个性的发展"为课程宗旨，着力培养"亲近自然、热爱运动、良好品行、乐于探索"的健康向上的幸福儿童。

课程宗旨

让幼儿享有幸福的童年生活，获得全面而和谐、自由而充分、独特而富有个性的发展。

课程关键词

自然的——让花园、草地、菜园、果园、养殖园成为幼儿的天堂，成为幼儿游戏、探究、实践的乐园；让幼儿和大地亲密接触，在亲近和喜爱大自然中体会生命的跃动、生命的惊喜；让教师在遵循幼儿生命特点和规律的前提下实施开放、动态的课程，运用自然界和生活中常见的材料，营造班级活动环境，提升各项活动的教育质量，运用师幼平等的对话和交流方式，引导幼儿参与体验，促进生命发展，形成具有生命促进意义的幼儿园环境和文化。

生长的——让教师的教学充满创造性和个性，让幼儿有自主支配的时间和空间，以游戏的状态去学习和生活，去体验，去探险，教师和幼儿在双向互动中共同创造"生命成长"，享受生命的幸福。以关注幼儿真实性表现为重点凸显幼儿发展的过程评价，记录幼儿在真实生活、真实情境中如何与环境、同伴互动，幼儿在解决问题、同伴互动时所展现的所知所能，帮助教师了解幼儿建构知识的历程，从而更了解自己在教什么，还需要做哪些事。让课程在幼儿、教师、家长的共同推进中不断创造、丰富、完善，成为幼儿生命历程中的一段宝贵记录，同时实现园本课程的生长。

亲历的——让幼儿关注身边事，在亲历和体验中成长。"生活即课程"，生活中的一切都是课程的可能来源和教育因素。教师不仅要提供资源，如良好的教育环境、材料和活动，让幼儿有足够的自由去选择、经历和探索，还需要对幼儿进行引导和支持。增加幼儿经验的结果不只包括知识，还包括体验中的精神成长。"亲历"是幼儿在对教师、同伴、材料、环境、活动等周围世界的主动作用下，进行的有意义的建构。

纯真的——让孩子像个孩子，让孩子的天性得以施展。我们把幼儿看作独特的学习主体、

发展主体，教师等成人以满足幼儿发展需要为前提构建课程内容。把生活世界、科学世界、人文世界整合在一起，把认知和实践结合起来，把家长和社区引入关注幼儿的教育，让所有关注幼儿发展的人员为幼儿的发展提供可能、创造条件，并提供指导。重视户外活动、文学艺术活动和"儿童之家"活动室在幼儿个性发展中的价值，让幼儿在充分自由、从容和谐的环境中，展现自己的天赋、兴趣和爱好，让个性得以舒展。

诗意的——这是我们的一种教育情怀，一种教育状态。童年弥漫着天真烂漫的气息，我们放慢脚步，在静静的守望中读懂幼儿的心灵，用智慧的教育陪伴幼儿的成长。我们珍视童年对人一生的重要价值，给幼儿充分游戏和体验的机会，让幼儿享有童年的美好。教师具有榜样的力量。我们用专注、投入和热爱敬畏生命，尊重自然，创造充满理想的教育国度，把美德和善行传递给幼儿。

课程实施

1. 实施途径

幼儿园生命成长启蒙教育课程围绕课程核心理念，以核心课程和个人课程两种主要形式实施课程。

核心课程：基于生活化的主题线索系列活动，围绕人与人、人与自然、人与社会三个块面，涉及个人与社会发展、语言与文学、数学、科学、社会文化、艺术、体能发展与健康共七个领域，适合集体或小组共同学习和发展的各种活动。

个人课程：在班级各类区域活动、幼儿园"儿童之家"工作坊和户外园地中，围绕人与人、人与自然、人与社会三个块面，涉及个人与社会发展、语言与文学、数学、科学、社会文化、艺术、体能发展与健康共七个领域，适合个人或和同伴自由学习与发展的各种游戏操作活动。

2. 实施场所

班级活动室：是幼儿学习、生活、游戏的空间，也是促进、锻炼、丰富幼儿各方面能力发展的乐园，更是幼儿展现成长过程、分享成长喜悦的园地。

"儿童之家"工作坊：体现科学与艺术、文学与语言、个人与社会交往领域的专题工作坊（生活体验馆、科学探索坊、读书俱乐部、美术工作坊、豆豆蚁乐园……），为幼儿在这些领域的特别发展提供环境、材料资源，发展个人爱好和兴趣，鼓励和支持幼儿的研究、探索、表现和表达，并提供专业引导。

户外园地：充分利用幼儿园的花园、草地、菜园、果园、养殖园，让幼儿园的户外场地成为幼儿的天堂，成为幼儿游戏、探究、实践的乐园，让幼儿有机会在阳光下运动，喜欢和大地亲密接触，聆听风的声音，感受草的味道、花的芬芳、虫的苏醒，在亲近大自然中体会生命的跃动与惊喜。

3. 实施要点

◇ 活动，让健康特色看得见。

园部为培养幼儿"亲近自然、热爱运动、良好品行、乐于探索"的品质，提供户外环境和部分材料；班级要利用户外活动时间和户外环境，设计教育活动内容，在活动中促进幼儿发展。

园部会安排每学期一次安全疏散演习，每学年一次幼儿运动会；年级组会安排每学期一次健康或安全教育大活动；各班会安排每周一次健康活动（含安全教育），每月一次安全教育。

班级应在家长园地等显著区域布置健康保育互动墙面，在区域活动安排中设立形式多样的健康区，例如：精细动作发展区、生活能力探索区、人际合作建构区等。

每周安排一次体育教学活动，以亲身体验、讲解指导、体育游戏等形式帮助幼儿掌握基本动作。

◇ 记录，让幼儿成长看得见。

各个班应重视记录幼儿真实表现的过程性评价，在日常生活中完成过程性资料的记录和收集。教师通过观察实录、拍照或录像、表格记录、班级周记等方式呈现过程；幼儿通过活动回顾、绘画日记、表格记录等方式呈现过程；家长通过班级漂流本、育儿日记、表格记录等方式呈现过程。

班级主题墙、作品墙每两周更换一次，幼儿作品当天展出。每次主题墙完成后应进行拍摄存档。注重家长园地内容的更新，保持与家长之间的密切联系。

班级环境应体现"生长"、体现"过程"，呈现两个主题的内容。班级环境中的材料应充分利用，材料的提供要能调动幼儿的参与性，同时，引导幼儿合理利用材料，养成节俭的习惯。

为每个幼儿建立《幼儿成长纪实》，反映出各个主题活动中幼儿的情况，要记录教师对幼儿的观察，还要有幼儿学期发展评估。其中，一个主题应有1~2张幼儿照片、1~2个幼儿作品，并在照片和作品旁附教师的评述、文字记录（时间、内容、评价）。

班级门口应始终展现欢迎家长和幼儿的标牌，并每两周进行一次调整，体现新意和配合教育活动内容。

◇ 通过材料提供和环境创设提升幼儿课程质量。

教师在教学中应充分运用自然材料和自然环境，做到物尽其用，目的明确。通过安排户外游戏日、玩沙日等让幼儿在自然环境中自由充分地成长。通过在区域活动中提供如石子、树枝等自然物和空塑料瓶、螺丝钉等幼儿喜爱的生活材料，让幼儿在主动创造中建构经验，反思行为，促进各方面能力的发展。

教师在安排一日活动时应遵循幼儿作息规律，做到动静交替、张弛有度。教师应善于筛选信息，选择适宜的形式开展活动，在集体活动中进行有效的团队交流分享，在区域活动进行细致的个别化学习操作；合理安排不同形式、内容的活动，灵活变换指导策略，如集体活动与区域活动交替、室内活动和户外活动交替、集中指导和个别指导交替、直接指导和间接指导交替等，让幼儿身心愉悦、自由充分地健康成长。

教师在班级组织管理中应注重幼儿社会礼仪、良好品行的培养。教师自己要做到言语轻柔、举止稳重；要善于利用文学艺术活动陶冶幼儿的情操、塑造优良的品行；要善于在一日生活中发现教育契机，适时地"停下来"进行随机教育，如谈话、讨论等。各班由幼儿自己讨论制定的《班规》应张贴在醒目位置，有专人制作《班级日记》，鼓励每个幼儿主动承担起班级管理的责任。

◇ 运用多种形式调动家长资源参与课程建构。

教育者要有意识地为幼儿成长创设积极友好的教育环境，要善于运用多种形式调动家长参与课程的热情并为之积极行动起来，形成家园共育的良性互动，共同促进园本课程内容的丰富、结构的合理和质量的提升。

园部每学期分年级组进行一次家长学校活动、一次家长会，每学年各班推荐1~2名家长志愿者协助教师组织指导"儿童之家"工作坊的活动。如：巧手爸爸（妈妈）、故事爸爸（妈妈）。

各班在进行主题教学过程中，每个主题可轮流邀请家长志愿者参加。原则上每位家长每学期为班级幼儿服务一次，避免增加家长负担。

班级每学期进行一次亲子活动（园内外均可，工作日进行亲子活动应先向园部申请），一次半日教学活动（可展演舞台剧）。

各班一年展演一次舞台剧。

三、我们的教育理念

我们的教育理念是：尊重儿童、崇尚天性、自由充分、完整儿童。

尊重儿童：我们把儿童看作一个全方位不断发展的"完整"生命个体，他们有自我成长的需要和能力。我们努力了解儿童心理，遵循儿童身心发展特点，理解儿童行为，信任儿童能力，欣赏儿童表现，鼓励儿童发展，并以此体现我们的教育尊重儿童的人格、思想、情感、自由。

崇尚天性：人的生命成长不仅需要身体的健康，更需要精神的滋养，生命成长启蒙教育培育崇尚天性的儿童——成长的天性、游戏的天性、好奇的天性、审美的天性，在户外探索、文学艺术等活动中鼓励幼儿大胆地去想、去做、去玩，在游戏活动中启真、启智、启善、启美，培养儿童活泼开朗的性格。

自由充分：生命成长启蒙教育强调给幼儿自由而充分的发展，让幼儿充满无限活力，使学习、游戏、生活成为幼儿自己的事情，促进幼儿对生活的自我感受、自我体验、自我反思和建构，完成生命在生活中的经历和体验。把幼儿的生命发展作为课程的原点和核心，把幼儿的生活和经历作为课程的内容和资源。在人与自然、人与社会、人与人的真实情境中建构经验、发展能力，实现人与环境和谐共处。我们的孩子将具备较强的生活自理能力和自我意识、自我管理、自我学习的能力。

完整儿童：教育生活本身就应该是完整、和谐、幸福的。生命成长启蒙教育在满足幼儿自由而充分发展的同时，重视塑造幼儿美好的人性，培养幼儿健全的人格。遵循基本社会规范，是生命成长启蒙教育理念中重要的组成部分，是人和人交往，人和社会、人和自然的谐共存的基础和保障。在生命成长启蒙教育中成长的儿童将会具备良好的学习品质和社会行为规范。

我们的课程不是一成不变的，而是在幼儿、教师和家长共同合作的互动中实现课程的动态建构。让户外自然环境成为幼儿学习成长的乐园，让幼儿自主支配时间和空间，以游戏的状态去学习、工作和生活，去体验、去探险，在亲历中成长，让孩子像个孩子，让生活充满诗意和感动，让教育更贴合"生命成长"的规律。

陈学群　彭　云
南京市第二幼儿园
2017 年 10 月

前 言

畅想幼儿园生命成长启蒙教育课程

2010年我园开始启动园本课程建设，我们提出幼儿园生命成长启蒙教育课程。我们把人的生命发展作为课程的原点和核心，把幼儿的生活作为课程的内容和资源，让幼儿学习的过程成为生命的展现历程，让园本课程的建设过程，成为幼儿园发展历程中的一段美好记录。我们走上了发现儿童，探寻"健康成长"，走向"生命成长"之路。

今天，我们对幼儿园生命成长启蒙教育课程有了更深的理解。畅想幼儿园生命成长启蒙教育课程，我们的课程贴上了"自然的""生长的""亲历的""纯真的""诗意的"神圣标签。

让花园、菜地、果园、养殖场成为幼儿游戏、探究的乐园，在大自然中体会生命的跃动与惊喜；实施开放、动态的课程，运用自然界和生活中的材料，营造班级活动环境；运用人人平等的交流方式，引导幼儿参与体验，这是课程"自然的"标签。

记录幼儿在真实情境中如何与环境材料、与同伴互动，了解幼儿建构知识、经验的历程，教师、家长、幼儿各自需要继续做什么有意义的事情，以帮助幼儿获得有益的经验和生命的成长，这是课程"生长的"标签。

让幼儿关注身边事、在亲历和体验中成长。"生活即课程"，适宜的、丰富的教育环境、材料和活动，给予幼儿足够的自由时空，主动去探索和实践，进行有意义的建构，这是课程"亲历的"标签。

让孩子像个孩子，让他们的天性得以施展。把生活世界、科学世界、人文世界整合在一起，把家长和社区引入到幼儿的教育中来；让户外活动、文学艺术活动和"儿童之家"活动展现幼儿的天赋、兴趣和爱好，个性得以不断完善与舒展。这是课程"纯真的"标签。

童年天真的气息和丰富想象力、创造力展现在幼儿戏剧、艺术、户外游戏等各种活动中；教师放慢脚步，在静静的守望中读懂幼儿的声音，开启智慧教育，用敬畏生命，尊重自然的虔诚之心，创造理想教育国度，把美德和善行传递给所有幼儿。这是课程"诗意的"标签。

我们希望：透过课程让幼儿享有完美童年，让自然典雅和生命灵动融合，让"生命孕育于自然之源，成长得之于和谐之境"的教育理念得以体现。我们希望：在二幼这所古朴典雅的园子里，老师、孩子与家长们一同创造幸福完整的教育生活，我们和二幼的孩子们相伴亲历生命的传奇，一起享用自然的馈赠，一起感受成长的欣喜。

写于二幼上海路部

陈学群

2017年5月12日

教师用书使用说明

幼儿是怎样的？他们需要什么？他们可以有怎样的发展？幼儿园、教师应该为幼儿做些什么？怎样做？如何更有效地促进幼儿的发展？这些是教育者关注的问题，也是南京市第二幼儿园（以下简称二幼）教师多年来默默耕耘、大胆探索、不断反思的理念支撑和前行动力。

在教师用书编写过程中，我园教师汲取了当前学前教育领域先进的理念和二幼多年传承的教育特色，反复斟酌、修改文本内容。经过一轮轮的修订，最终既保持了主题的完整性、系统性，又加强了主题活动中各领域之间的联系和融合，使课程指向实施、理念指导行为，旨在进一步提升活动的实施成效，指导教师以此书为支架，培养"亲近自然、热爱运动、良好品行、乐于探索"的健康向上的幸福儿童，引领教师、幼儿、家长共同努力去实现"幼儿全面而和谐、自由而充分、独特而富有个性的发展"的课程宗旨。

一、教师用书的结构

教师用书分小班、中班、大班，每年级上、下学期各一本，共六本。每本均以主题活动为线索，进行活动的设计，为教师的教育教学活动提供参考。

具体内容包括以下几个方面。

（一）各年龄段幼儿发展目标

这部分内容详细介绍了各年龄段幼儿身心发展的特点，以及通过我们的各项活动幼儿可以达到的发展目标。教师应随时对照目标，观察、了解本班幼儿的发展现状，及时分析、调整教学策略，协同家长共同促进幼儿发展。教师在主题活动实施过程中，应经常对照主题活动目标、幼儿发展目标，并根据班级幼儿的发展水平，有意识地调整教育教学方式，从而确保教育教学的有效性。

（二）主题教育活动

教师用书共16个主题活动，每本有5~6个适合本年龄段的主题活动，供教师们学习和参考。每个主题活动包括以下八个方面。

1. 主题意图

主题意图主要从三个方面进行阐述：为什么选这个主题内容，这个主题内容与这个年龄段的幼儿有什么样的关系，这个主题内容可以帮助幼儿达到什么发展水平。教师在进入主题之前，应该仔细研读主题意图，了解、分析本班幼儿现状，以便把握好整个主题活动的脉络，明确教育教学的方向。

2. 主题目标

主题目标是按照围绕人与人、人与自然、人与社会三个块面，涉及个人与社会发展、语言与文学、数学、科学、社会文化、艺术、体能发展与健康共七个领域进行编写，主题目标集中归纳了该主题对幼儿发展的价值，与各年龄段幼儿发展目标相比更具体，与一节具体的教学活动相比又更为概括。

幼儿发展目标、主题目标、教学活动目标三者之间形成自上而下的三级层次，保证课程目标的顺利落实。因此，教师心中必须有明确的目标意识，根据本年龄段幼儿的发展特点和需要，借助目标导向的作用，在一日活动的各个环节中，通过不同的教育途径灵活实施，促进幼儿全面和谐的发展。

3. 主题网络图

主题网络图是将主题意图和主题目标一步步分解，借助网状的结构，呈现给教师关于整个主题活动的线索和脉络结构。网络图展现的是一些预成性活动的脉络，教师可以结合本班幼儿的实际情况，沿二级网络生成幼儿感兴趣的话题，形成有班本特色的生成性活动。

4. 环境创设

环境创设包括室内外的活动场地布局、主题墙饰的布置、活动区域的分隔、布置等。班级环境的创设是体现教师的教育理念，表现班级文化和特色以及促进家园沟通的重要途径。教师在打造班级环境时，可参照此部分内容，更要充分发挥自己的艺术想象力、创造力和表现力，传递园本文化、班本特色，发挥教师的隐形指导功能。教师要鼓励每位幼儿参与到班级的环境创设中，充分体现"儿童是环境的主人"的教育理念。班级环境中要能呈现主题活动开展的进程，让"幼儿的成长看得见"，教师要努力让班级的每一个角落都"会说话"，通过环境，看到每个幼儿的成长和进步，促进课程质量的整体提升。

5. 三方互动

三方互动指教师、幼儿和家长在园本课程建构和幼儿发展过程中的三方协调积极互动，共同推进教育进程，实现共育。教师可参照此部分内容明确自己在教育教学方面可以做的事情，幼儿在教师和家长的引导和支持下可以做的事情，家长为促进幼儿发展可以做的事情，通过三方协同教育，动态建构园本课程，有效促进幼儿发展。

6. 特色活动

健康特色活动是二幼独有的传承了园本健康教育特色的教育活动，主要包括两个方面：健康大活动和安全教育活动。年级组每学期组织一次健康或安全教育大活动；各班每周组织一次健康活动（含安全教育），每月组织一次安全教育。具体的活动组织形式视活动内容而定，可采用展示表演、竞赛、情境练习等，教师应把活动内容与集体活动、小组活动、区域活动、日常生活及游戏活动融合，提高健康特色活动的实效性，让幼儿有更多的练习机会，以巩固健康意识和良好的行为习惯。

7. 区域活动

区域活动是二幼生命成长启蒙课程个人课程中一种形式，它为幼儿的个性化学习提供了机会和可能。我园开展的区域活动，分成室内区域活动和户外区域活动。室内区域划分为：健康区、语言区、益智区、艺术区。户外区域划分为：沙水区、运动区、探索区、角色扮演区。依据每个区域的特点，围绕主题活动内容，本书提供了一些区域活动的建议，教师可根据班级、幼儿的实际情况有所取舍，适当增加新的活动内容，调整活动材料，不要照搬。各班区域活动在内容安排上应考虑常规性区域和主题性区域相互兼顾，常规性区域（如精细动作发展区）应长期保留，并持续跟进、及时调整区域活动材料；主题性区域应配合主题进程定期增加相应的区域活动内容和材料。

8. 集体教学活动

集体教学活动是逐周安排的，每个集体教学活动都包括活动目标、活动准备、活动过程、活动延伸或活动建议几个部分。活动设计清晰、明了、可操作性强。每个教学活动的后面附有所需的参考资料，如儿歌、故事、知识参考等，为教师开展教学提供参考。

（四）附录

附录中包括：

1. 小班幼儿一日生活作息表（试行）（分春夏季和秋冬季）
2. 日常教育、备课及环境规范要求（试行）
3. 教师常用表格和记录表（观察记录表、相片作品记录表、《儿童日记》、图书漂流记录、班组会议记录表）
4. 小班幼儿发展评估表
5. 南京市第二幼儿园幼儿健康行为规范

二、教师用书使用中需要注意的几个方面

1. 教师用书供教师备课参考，在使用过程中结合本班幼儿发展状况进行二次备课调整

本书中所提供的资料包括区域活动、集体活动等，仅作为备课蓝本。教师在活动实施前，需结合本班幼儿的兴趣点、需要和实际发展情况，灵活调整，创造性地设计、组织实施活动，体现班本特色。教师要关注幼儿在活动实施过程中的成长，借助本书附录部分提供的教师各种观察用表，及时、客观地记录幼儿的发展状况，分析并调整教育策略。活动结束后，教师要及时反思并记录在备课本上，以便今后不断改进课程。

2. 使用本书的教师应以接纳的心态，将各类教育活动的教育意图，体现在幼儿活动中，

体现在班级环境创设中

教师在使用中要有学习的心态，认真领会其中的教育意图和教学重难点，让教师用书中的教育内容能在幼儿活动中体现。同时，班级开展的各个活动要能在环境创设中充分体现，不仅是集体活动（或小组活动）、区域活动，包括健康大活动和安全教育活动的内容，也要在环境中有所展示和呈现，留下幼儿成长的足迹。本书在区域活动的材料提供上是按层次撰写的，因此，教师在设计自己班级的区域活动时，也要考虑提供材料的层次性、趣味性、可操作性，根据本班幼儿实际水平适当调整，发挥材料和环境在幼儿发展中的隐形指导作用，促进幼儿自主、全面、持续地发展，提升课程质量。

教师在具体操作过程中可参照附录中教师日常教育教学及环境规范要求，按标准规范执行。

3. 教师在一日活动组织中应遵循幼儿作息节律，选择适宜的活动形式和途径开展活动

在一周的集体教学活动中，可以尝试开展小组教学活动，发挥集体与小组活动不同的教育价值，达到最佳的教学效果。

在幼儿的一日活动中，教师应善于把握动静交替、"呼吸"节律，做到集体活动与区域活动交替、室内活动和户外活动交替、集中指导和个别指导交替、直接指导和间接指导交替等，让幼儿身心愉悦，自由充分地健康成长。

在活动场所的选择上，教师要善于整合资源，灵活运用室内、户外和"儿童之家"活动室开展幼儿个性化活动，在时间的把握上，教师要摸索适于本班特点的组织形式统整时间，有效开展各项活动。

教师在具体操作过程中可参照附录中小、中、大班幼儿一日生活作息表（试行）（分春夏季和秋冬季），按幼儿一日作息规范执行、灵活调整。

我们希望教师能认真研读此使用说明，逐步理解课程理念，并不断转化到教育行为中，和幼儿、家长一起感受成长的乐趣，享受生活的美好，在领会课程理念和自我实践探索的过程中，实现教师和幼儿、家长共同的生命成长。

南京市第二幼儿园

小班幼儿发展目标

领域	上学期	下学期
健康	**粗动作：** 　　愿意参加运动，能姿势正确、自然协调地走、跑、跳等，学习单手连续拍球 **细动作：** 　　在生活和游戏中，愿意探索使用常见的工具，如勺子、剪刀、水彩笔等，尝试进行简单的操作 **个人健康与安全：** 　　（1）能在成人的提示和帮助下，尝试进餐、洗手、午睡、如厕、穿脱衣服等日常自我护理； 　　（2）学习遵守简单的安全规则，有危险知道躲开，有初步的自我保护意识。自己吃饭，口渴时主动饮水； 　　（3）知道在遇到困难和不开心的时候主动请求老师的帮助，不长时间地哭闹； 　　（4）愿意学习自己洗手，知道洗手的基本步骤	**粗动作：** 　　乐于参加运动，能姿势正确、自然协调地走、跑、跳等，学习大胆地双手向上抛球 **细动作：** 　　熟悉各种常见工具的用法，如勺子、剪刀、水彩笔等 **个人健康与安全：** 　　（1）能在成人的提示和帮助下，学习独立进餐、洗手、漱口、午睡、如厕、穿脱衣服等日常自我护理； 　　（2）在提醒下能注意安全，不做危险的事； 　　（3）情绪稳定，很少因一点小事哭闹不止； 　　（4）学会洗手的正确方法

续表

领域	上学期	下学期
语言	听： 　　愿意安静地倾听同伴和成人的讲话，听懂普通话，并做出相应的反应 说： 　　愿意和同伴一起学说普通话，必要时说出自己的需要，并配以手势动作表达自己的想法 读： 　　（1）愿意和成人一起阅读图书，学习翻阅图书的方法，爱护图书，不乱撕乱扔； 　　（2）喜欢听简短的儿歌或故事，学习看单幅画面的图书 写： 　　乐意用涂鸦的方式表达自己的想法	听： 　　能听懂普通话，学会安静地倾听同伴和老师的讲话，并做出相应的反应 说： 　　学说普通话，大胆清楚地说出自己的想法和需要 读： 　　（1）喜欢阅读图书，学会正确翻阅图书的方法，爱护图书，不乱撕乱扔； 　　（2）喜欢跟读简短的儿歌或故事，学看单幅画面，理解画面的内容 写： 　　喜欢用涂鸦的方式表达自己的想法
社会	自我意识： 　　（1）初步了解自己的性别，知道自己爸爸妈妈的名字； 　　（2）学习分清自己和他人的物品，不随意拿他人的东西； 　　（3）愿意和同伴、成人一起玩游戏，能选择自己喜欢的游戏 社会文化： 　　（1）愿意和同伴、老师一起参加幼儿园的升旗仪式； 　　（2）喜欢和哥哥姐姐一起玩，喜欢参加各种集体活动 他人关系： 　　（1）在与同伴有矛盾时，不哭闹，愿意听从成人劝解； 　　（2）学说一些基本的礼貌用语，如：你好、谢谢、对不起、再见等	自我意识： 　　（1）能分清自己和他人的物品，不随意拿他人的东西，知道自己的性别以及家庭中的主要成员； 　　（2）愿意和小朋友一起游戏，能根据自己的兴趣选择活动，并遵守简单的规则 社会文化： 　　（1）认识国旗，知道国歌； 　　（2）愿意参加幼儿园的集体活动，和哥哥姐姐互相帮助，成为朋友 他人关系： 　　（1）想加入同伴的游戏时，能友好地提出请求；与同伴有矛盾时，能听从成人劝解； 　　（2）初步掌握日常生活中常用的礼貌用语，如：你好、谢谢、对不起、再见等，学会有礼貌地与人交往

续表

领域	上学期	下学期
科学	数与运算： （1）感知、发现生活中的不同形状，对形状感兴趣； （2）体验生活中的数，学习手口一致地点数，说出总数； （3）感知物体大小、多少、长短、高矮等量方面的特征 科学探究： （1）亲近大自然，对生活的环境感兴趣； （2）学习用多种感官（看、听、摸、闻）观察和探索周围世界； （3）学习用简单的词汇表达自己的探究和发现	数与运算： （1）发现生活中多样的形状，对物体的形状感兴趣； （2）体验生活中很多地方都用到数，能手口一致地点数5以内的实物，并说出总数； （3）能感知物体大小、多少、长短、高矮等量方面的特征 科学探究： （1）喜欢接触大自然，对生活的环境感兴趣； （2）学习用多种感官（看、听、摸、闻）观察和探索周围世界； （3）学习用一些较准确的词汇表达自己的发现
艺术	音乐感受与表述： （1）愿意与同伴和成人一起听音乐、看表演，喜欢听大自然中好听的声音； （2）在模仿的基础上，学唱简短的歌曲，愿意跟随音乐做简单的身体动作，和同伴一起进行戏剧表演 美术感受与表述： （1）乐于欣赏绘画、泥塑等各种形式的艺术作品； （2）喜欢涂涂画画、粘粘贴贴，用简单的线和色彩进行表现和表达	音乐感受与表述： （1）喜欢听音乐，观看舞蹈、戏剧等表演，能被大自然中的好听声音吸引； （2）学唱简短的歌曲，能随熟悉的音乐做身体动作，愿意参加集体戏剧表演 美术感受与表述： （1）感知和运用色彩画出简单的图画； （2）乐于欣赏绘画、泥塑等各种形式的艺术作品； （3）初步尝试运用撕、剪、贴、折等方式进行艺术创作

目 录

- 001 序一
- 001 序二 沿着生命成长之路前行
- 001 前言 畅想幼儿园生命成长启蒙教育课程
- 001 教师用书使用说明
- 001 小班幼儿发展目标

001 主题活动一 开心入园月

- 002 主题意图
- 002 主题目标
- 003 主题网络图
- 004 环境创设
- 004 三方互动
- 005 特色活动
- 006 区域活动
- 009 集体教学活动

- 010 第一周
- 010 活动一 入园适应（一）（综合）
- 012 活动二 入园适应（二）（综合）
- 014 活动三 入园适应（三）（综合）
- 016 活动四 我的标记朋友（社会）
- 017 活动五 亲亲（音乐）

- 019 第二周
- 019 活动一 小乌龟上幼儿园（语言）
- 020 活动二 好玩的毛线团（美术）
- 021 活动三 甜甜的糖果（科学）
- 022 活动四 做个美梦（健康）
- 023 活动五 我爱我的幼儿园（音乐）

025	第三周
025	活动一　大家来上幼儿园（语言）
027	活动二　开火车（体育）
028	活动三　小动物走（音乐）
029	活动四　好吃的波板糖（美术）
030	活动五　安全玩滑梯（健康）

032	第四周
032	活动一　我会放玩具（数学）
033	活动二　我该怎么办（健康）
034	活动三　拉拉手（音乐）
036	活动四　和哥哥姐姐一起玩（综合）
037	活动五　参观我的幼儿园（社会）

038	备选活动
038	活动一　好听的名字（社会）
039	活动二　请宝宝吃面条（美术）

041　主题活动二　水果娃娃

042	主题意图
042	主题目标
043	主题网络图
044	环境创设
044	三方互动
045	特色活动
046	区域活动
049	集体教学活动

050	第一周
050	活动一　参观水果店（社会）
051	活动二　买水果（数学）

053	活动三	好吃的水果（语言）
054	活动四	酸酸甜甜的橘子（科学）
055	活动五	小刺猬运水果（体育）

056 第二周

056	活动一	苹果（音乐）
058	活动二	吃葡萄（健康）
059	活动三	一串紫葡萄（艺术）
061	活动四	水果变变变（科学）
062	活动五	橘子花（语言）

064 第三周

064	活动一	水果宝宝去旅行（语言）
065	活动二	水果品尝会（健康）
067	活动三	水果蹲（语言）
068	活动四	美丽的花草地（美术）
069	活动五	生活模仿动作（音乐）

071 备选活动

071	活动一	秋妈妈与果娃娃（语言）
072	活动二	香甜的水果（科学）
074	活动三	神奇的水果袋（科学）

077 主题活动三　玩具城

078　主题意图
078　主题目标
079　主题网络图
080　环境创设
080　三方互动
081　特色活动
082　区域活动

085	集体教学活动	
086	**第一周**	
086	活动一	我喜欢×××（语言）
087	活动二	白天和黑夜（数学）
088	活动三	大鼓和小铃（音乐）
090	活动四	我和球儿一起玩（体育）
091	活动五	波洛克的画（美术）
093	**第二周**	
093	活动一	熊猫玩具店（社会）
094	活动二	玩具动起来（科学）
095	活动三	玩具城（数学）
097	活动四	这是小兵（一）（音乐）
099	活动五	拉大锯（语言）
100	**第三周**	
100	活动一	安全玩玩具（健康）
102	活动二	第五个（绘本阅读）（语言）
104	活动三	这是小兵（二）（音乐）
105	活动四	小小玩具护送队（体育）
106	活动五	彩色面具（美术）

109　主题活动四　可爱的我

110	主题意图
110	主题目标
111	主题网络图
112	环境创设
112	三方互动
113	特色活动
114	区域活动

117　集体教学活动

118　**第一周**

118　活动一　在澡堂里认识身体（语言）
119　活动二　身体总动员（健康）
120　活动三　小猫去钓鱼（体育）
121　活动四　头发、肩膀、膝盖、脚（音乐）
123　活动五　我（美术）

124　**第二周**

124　活动一　指五官（语言）
125　活动二　我会长大（数学）
126　活动三　表情歌（音乐）
128　活动四　尖尖的物品要躲开（健康）
130　活动五　可爱的我（社会）

131　主题活动五　点心甜又香

132　主题意图
132　主题目标
133　主题网络图
134　环境创设
134　三方互动
134　特色活动
136　区域活动
139　集体教学活动

140　**第一周**

140　活动一　参观点心店（社会）
141　活动二　好吃的点心（健康）
142　活动三　要是你给老鼠吃饼干（语言）
143　活动四　甜的和咸的（科学）

| 144 | 活动五 饼干歌（音乐） |

146 第二周
146	活动一 食品袋上的小秘密（科学）
147	活动二 吃点心的前和后（健康）
149	活动三 谁咬了我的大饼（语言）
150	活动四 搓蛋卷（泥工）
151	活动五 小老鼠和泡泡糖（音乐）

152 第三周
152	活动一 糖不见了（科学）
154	活动二 好吃的三明治（健康）
155	活动三 汉堡包（美术）
156	活动四 小孩小孩真爱玩（体育）
157	活动五 数数有几个（数学）

158 备选活动
| 158 | 活动一 香甜甜的饼干（美术） |

161 主题活动六　冬爷爷抱抱我

- 162 主题意图
- 162 主题目标
- 163 主题网络图
- 164 环境创设
- 164 三方互动
- 165 特色活动
- 166 区域活动
- 168 集体教学活动

169 第一周
| 169 | 活动一 冬爷爷的礼物（语言） |

| 170 | 活动二　小雪花（歌唱）
| 172 | 活动三　下雪啦（美术）
| 173 | 活动四　圣诞的祝福（社会）
| 175 | 活动五　小兔修房子（数学）

176　第二周

| 176 | 活动一　小花狗与大石头（语言）
| 177 | 活动二　大灰熊（音乐）
| 180 | 活动三　暖暖的围巾（美术）
| 181 | 活动四　冬天不怕冷（健康）
| 182 | 活动五　解救玩具宝宝（科学）

183　第三周

| 183 | 活动一　敲锣打鼓放鞭炮（音乐）
| 186 | 活动二　冬天怎么穿（健康）
| 187 | 活动三　放鞭炮（体育）
| 188 | 活动四　快快乐乐过寒假（社会）
| 190 | 活动五　美丽的冬天（美术）

192　附录

| 192 | 小班幼儿一日生活作息表（试行）
| 193 | 日常教育、备课及环境规范要求（试行）
| 194 | 教师观察用表（范例）
| 195 | 幼儿相片作品记录表（范例1）
| 196 | 幼儿相片作品记录表（范例2）
| 197 | 《儿童日记》（范例）
| 200 | 小班儿童《绘本漂流》（范例）
| 201 | 班组会议记录表（范例）
| 202 | 小班幼儿发展评估表
| 204 | 南京市第二幼儿园幼儿健康行为规范
| 205 | 后记

主题活动一

开心入园月

主题活动一
开心入园月

主题意图

　　幼儿入园面临的最大挑战就是面对陌生环境的不适应。帮助幼儿度过入园关必须从幼儿的需要出发，关注幼儿入园的生理和心理需要。幼儿的不适应，主要源于几个原因：1. 离开了父母，独自在幼儿园生活，没有安全感；2. 不了解幼儿园的生活是怎样的，有畏惧感；3. 幼儿在生活上还不能照顾自己，面对很多生活小事会紧张；4. 面对幼儿园生活中的困难会感到无助。

　　本主题希望从这些原因入手，帮助幼儿逐渐消除种种不安全感，建立安全感，从情绪上逐渐稳定过渡到渐渐适应。把幼儿在幼儿园的一日生活真正拉进主题中，营造温馨、接纳的环境氛围，以有趣的多种活动吸引幼儿，在游戏中满足幼儿的情感需求，学习在幼儿园生活所需的基本技能，体验幼儿园游戏带来的各种快乐，让幼儿乐意到幼儿园。

主题目标

健康：

　　1. 感受幼儿园的一日活动，喜欢在幼儿园生活。

　　2. 逐渐接受并乐意进行简单的自我服务，学习自己洗手、擦嘴巴、上厕所等的方法，愿意在自己的小床上安静休息。

　　3. 情绪逐渐稳定，有困难时能寻求老师的帮助。

　　4. 愿意参加幼儿园的户外体育活动，知道不能到处乱跑，注意活动的安全。

语言：

　　1. 愿意学说普通话，能说出自己的想法和需要。

　　2. 安静倾听别人说话，知道在别人招呼自己时给予回应。

3. 和老师、同伴一起欣赏文学作品，感受作品中的对话。
4. 通过手指游戏学习儿歌，丰富词汇。

社会：
1. 学习有礼貌地和老师问早、说再见。
2. 认识自己的标记，能根据标记找到自己的物品。
3. 知道班级的简单规则，在老师的提醒下遵守规则。

科学：
1. 分辨物品的颜色和大小特征，认识颜色标记。
2. 尝试按照物体的特征进行简单分类，初步学习依据标记进行物品整理和摆放。
3. 对生活中的物品感兴趣，有探究愿望。
4. 在活动中，尝试用简单的语言表达自己在探究中的发现。

艺术：
1. 学习用自然的声音和同伴一起演唱歌曲，尝试边唱边做动作。
2. 初步认识简单的打击乐器，乐意参与打击乐演奏活动。
3. 对艺术活动产生兴趣，认识油画棒、油泥等艺术材料，乐意大胆尝试。

主题网络图

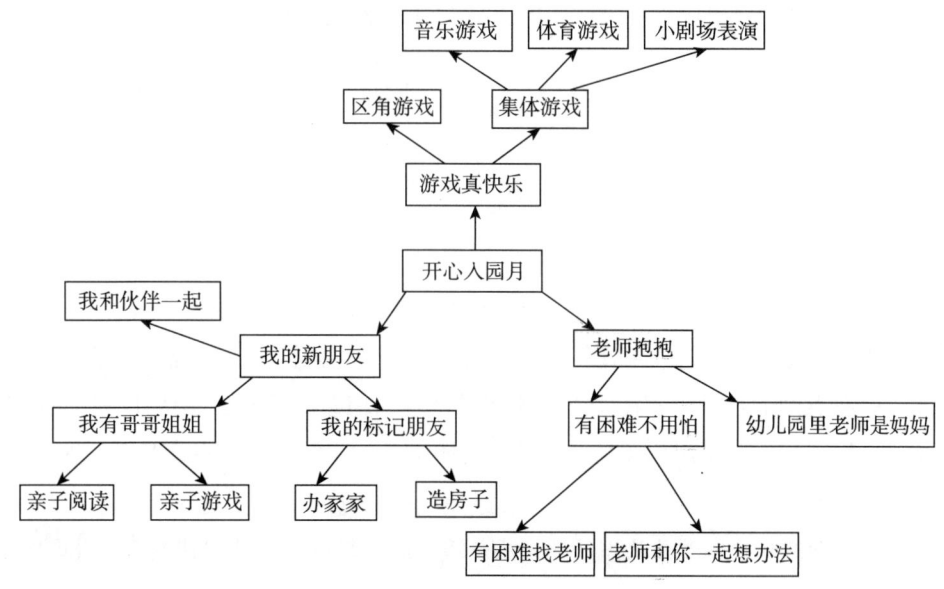

环境创设

1. 在活动室的醒目位置，布置主题墙"开心幼儿园"；用明快、简洁的色彩和装饰物装饰活动室，让活动室有温馨的感觉，成为富有童趣的游戏乐园；请幼儿将自己喜欢的1~2件物品带到幼儿园放在我的玩具区，起到稳定情绪的作用。

2. 把幼儿自己完成的艺术作品（涂鸦绘画、泥工"棒棒糖"、装饰"毛巾"等）进行展览，供幼儿和家长欣赏。

3. 在家长园地提供帮助幼儿适应集体生活的育儿经验，设置一块留言簿，教师和家长都可以在留言簿上给对方留言，以便签条的形式沟通，让家长感受到教师对于自己孩子的关注。

4. 用架子、家具等对活动空间进行划分，把活动室划分为5~7个活动区域，在不同区域内，准备不同的操作材料，如"喂小动物""分豆豆""手偶玩具""棒棒糖""小汽车"等，并注意增加同种材料的数量，减少因材料不足产生的游戏冲突；准备一些区域标记，也需要做一些材料标记，让幼儿知道把物品放回原处，将游戏材料有序摆放，便于幼儿取放和操作。

5. 在活动室内帮助幼儿熟悉班级的活动场地，为方便幼儿取放材料，请每位幼儿带一些照片来园，在班级的毛巾架、茶杯架、桌子、床铺等地方进行张贴，方便幼儿找到属于自己的物品。

6. 为帮助幼儿掌握洗手的正确方法，在班级盥洗室的墙上张贴洗手的顺序图示，让幼儿边看图示边洗手，练习、巩固洗手方法；拍摄一系列"擦嘴巴"的顺序照片，张贴在健康区域里便于幼儿练习使用。

三方互动

教师——为幼儿创设一个舒适愉悦的心理和物质环境；给有特殊需求的幼儿以情感和行为上的呼应，缓解幼儿分离焦虑；告知家长幼儿园的一日生活作息，争取家长的配合和支持。

幼儿——在老师的帮助下，慢慢熟悉班级的环境，愿意和老师、小伙伴一同玩简单的游戏，在游戏中增强能力和缓解焦虑情绪；学习入园必备的生活技能，自己吃饭、如厕、洗手、穿脱简单的衣服等。

家长——协助教师帮助幼儿认识幼儿园的环境，配合教师让幼儿尽快熟悉幼儿园的集体生活；做好入园的生活和心理准备；通过家访、电话、来园面谈等形式，及时和班级教师取得联系，了解幼儿在幼儿园的表现，必要时寻求教师帮助。

特色活动

	活动	活动准备	指导要点	参与幼儿
健康大活动	洗小手	洗手的步骤图张贴在水池旁	知道洗手的方法和顺序,能边念儿歌边洗干净自己的小手	本班幼儿
安全教育活动	上、下坡的安全	对幼儿园户外活动的场地有一定的认识	认识幼儿园户外活动的场地,知道上、下坡要慢慢走,不奔跑,有自我保护意识	本班幼儿
户外活动	观察池塘里的鱼	幼儿园的鱼池	观察鱼的外形特点和游动的感觉,交流自己的发现	分组活动
户外活动	认识上下空间位置	幼儿园的户外场地	在指定的范围内玩游戏,认识上下的空间位置,学说"……上面……下面"	分组活动
语言活动	汤姆去上幼儿园	绘本《汤姆去上幼儿园》或PPT	理解故事内容,了解幼儿园的有趣生活,愿意上幼儿园	本班幼儿
语言活动	排好队,一个接一个	绘本《排好队,一个接一个》或PPT	喜欢阅读绘本,能观察画面内容,表达自己看到的内容	本班幼儿
语言活动	我和小猪	绘本《我和小猪》或PPT	感受绘本中动作与发生动作的象声词之间的对应关系,学说"呼噜呼噜,睡觉;啊呜啊呜,吃饭"等	本班幼儿
语言活动	抱抱	绘本《抱抱》或PPT	增进对绘本阅读的兴趣,理解故事内容,愿意和喜欢的人抱一抱	本班幼儿
音乐活动	一只小花狗	钢琴或成品音乐	大胆演唱,边唱边表演小狗的动作	本班幼儿
音乐活动	小金鱼	钢琴或成品音乐	模仿小金鱼的动作,用自然的声音演唱	本班幼儿
音乐活动	抱抱熊	钢琴或成品音乐	听音乐按节奏做与同伴抱一抱的动作	本班幼儿

区域活动

	活动与指导要点	幼儿发展目标	材料与层次
建构区	活动：积木建构 指导要点：学习用积木垒高，盖喜欢的房子	用小积木进行立体建构；锻炼手部控制和协调力	材料：小型积木 层次一：喜欢用积木建构； 层次二：用积木建构自己喜欢的房子； 层次三：运用垒高的技能进行建构
生活区	活动：喂小动物 指导要点：用勺子将不同的食物喂给小动物	学习正确使用勺子的方法；发展手部动作的协调性	材料：不同的勺子、制作的动物娃娃罐子 层次一：用大勺子喂大一些的食物给动物娃娃； 层次二：用小勺子喂小一些的食物给动物娃娃； 层次三：能根据勺子的不同大小分别给动物娃娃喂食
	活动：点心真好吃（也可在下午点心时间进行） 指导要点：学习正确的洗手方法，知道吃完东西按照正确方法擦嘴巴	跟着图示用正确方法洗手；吃东西能将嘴巴擦干净	材料：洗手的步骤图、点心、餐盘、勺子、小毛巾等 层次一：在教师的提醒下，看着图示洗手并学习擦干净嘴巴； 层次二：能自己看图示，按照正确的方法洗手，并将嘴巴擦干净； 层次三：独立按照正确的方法洗手和擦嘴巴
美工区	活动：小圆糖 指导要点：学习用搓圆的方法制作各色糖果	感受油泥特性，学会搓圆，感受双手协调运作	材料：油泥、小棍 层次一：学习团圆油泥的方法，愿意去尝试； 层次二：基本能搓出一个较圆的球； 层次三：独立完成小圆糖的制作，表面光滑
	活动：漂亮的花手帕 指导要点：用印花的方式装饰手帕	参与艺术表现活动，对玩色彩产生兴趣	材料：毛巾、印章 层次一：在教师指导下进行印画活动； 层次二：运用一种形状的物体进行印画； 层次三：运用两种形状的物体进行印画

续表

	活动与指导要点	幼儿发展目标	材料与层次
美工区	活动：吹泡泡 指导要点：用油画棒画出大小不同的圆	乐于参加绘画活动，正确握笔，画出圆形的泡泡	材料：彩色油画棒 层次一：在教师指导下进行画泡泡活动； 层次二：能够独立画出大小不同的泡泡； 层次三：能够独立运用两种以上颜色画大小不同的泡泡
益智区	活动：分糖果 指导要点：认识图形标记，按不同的种类进行分类	按照种类特征进行实物分类	材料：各色糖果、糖果标记、分糖果小盒子 层次一：在教师的指导下进行分类； 层次二：能够观察糖果特征，按种类分类； 层次三：能独立按照糖果标记进行分类
益智区	活动：停车场 指导要点：能按照大小特征把玩具汽车开进停车场	按照大小特征进行分类	材料：大小不同的玩具汽车 层次一：将玩具汽车按大小特征放在指定停车场； 层次二：将玩具汽车按照大小特征有序停放在停车场，并能进行说明
探究区	活动：玩豆豆 指导要点：尝试用不同的工具玩豆子	感受不同种类豆子的特点与不同工具之间的关系	材料：大黄豆、芸豆、蚕豆、漏斗、汤勺、漏勺等工具 层次一：尝试用工具玩豆子； 层次二：尝试使用工具边玩豆子边观察豆子和工具网眼的变化； 层次三：有目的地使用工具玩各种豆子，进行分类，保持周围的干净
探究区	活动：摇摇听 指导要点：鼓励幼儿大胆摇动罐子并倾听发出的声音，用语言描述声音，把声音与材料进行匹配	有兴趣地摇动罐子，倾听不同物品和罐子内壁碰撞发出的声音	材料：八宝粥铁罐内装不同东西，如豆子、纸片、沙子、米粒、木珠等，罐口用透明膜封死，能看到罐内 层次一：喜欢摇动罐子倾听声音； 层次二：发现罐子里装的东西不同，尝试用语言描述声音； 层次三：把声音与材料进行匹配，用摆放小卡片的方式记录

续表

	活动与指导要点	幼儿发展目标	材料与层次
阅读区	活动：汤姆上幼儿园 指导要点：和老师一起看大书，安静地阅读	跟随老师安静地阅读图书，会顺着书页边缘翻动书页	材料：绘本 层次一：能够安静倾听教师讲述绘本内容； 层次二：在教师的引导下，边听故事边翻阅绘本； 层次三：乐意自己翻阅图书，边看边简单讲述故事内容
	活动：故事盒 指导要点：能倾听电子故事，安静地听故事	愿意和同伴或独自安静地倾听故事	材料：播放器或 iPad 层次一：愿意坐下来听故事； 层次二：喜欢和老师、同伴一起听故事，听懂故事内容； 层次三：尝试自己播放故事并安静倾听
	活动：手偶表演 指导要点：自己带上小指偶，表演喜欢的节目	参与指偶的表演活动，并大胆地用语言表达	材料：手偶、背景小图片（汽车、大树、房子、草地等） 层次一：愿意用手偶进行表演； 层次二：用手偶表演，并能边表演边用语言配合； 层次三：大胆地用手偶表演自己喜欢的故事，说话声音响亮
扮演区	活动：娃娃家 指导要点：扮演宝宝和爸爸妈妈的角色	喜欢玩娃娃家游戏，体验宝宝和爸爸妈妈在一起的愉快情感	材料：爸爸的领带、妈妈的小包、小锅等道具 层次一：自由地使用道具，进行扮演； 层次二：知道自己扮演的角色，与同伴进行语言互动； 层次三：能做出符合角色的动作，并与同伴交流互动

集体教学活动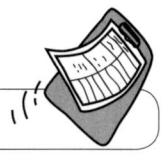

第一周		第二周	
1.	入园适应（一）（综合）	1.	小乌龟上幼儿园（语言）
2.	入园适应（二）（综合）	2.	好玩的毛线团（美术）
3.	入园适应（三）（综合）	3.	甜甜的糖果（科学）
4.	我的标记朋友（社会）	4.	做个好梦（健康）
5.	亲亲（音乐）	5.	我爱我的幼儿园（音乐）
第三周		第四周	
1.	大家来上幼儿园（语言）	1.	我会放玩具（数学）
2.	开火车（体育）	2.	我该怎么办（健康）
3.	小动物走（音乐）	3.	拉拉手（音乐）
4.	好吃的波板糖（美术）	4.	和哥哥姐姐一起玩（综合）
5.	安全玩滑梯（健康）	5.	参观我的幼儿园（社会）

第一周　活动一　入园适应（一）（综合）

活动目标

1. 熟悉班级的环境，知道喝水、上厕所、睡觉、玩游戏的场所在哪里。
2. 能和爸爸妈妈在活动室里一起玩游戏。
3. 认识自己周围的1个或2个新朋友。

活动准备

环境准备：营造温馨、接纳的环境氛围。

经验准备：已经认识班级老师。

活动过程

一、欢迎幼儿的到来，教师和每位幼儿打招呼，做自我介绍，消除幼儿的紧张情绪和陌生感。

二、幼儿独自或在父母的陪同下，自由地在区域中玩玩具，也可以玩从家里带来的玩具，在游戏中情绪渐渐稳定，进一步和老师亲密接触。

三、三位教师在幼儿游戏中分别对幼儿进行熟悉和简单了解。

观察幼儿玩游戏时表现出的行为习惯；与幼儿打招呼，看他是否有回应；若有家长陪伴，同时观察家长的教育态度，如是否提醒幼儿将玩具送回去等。最好能做一些记录，记录幼儿的表现。针对一些哭闹特别厉害的幼儿，可以建议家长带幼儿去室外活动一下，暂时离开班级，待情绪恢复后再回来。

9：15—10：00 集体游戏时间：拉拉手（音乐）

活动目标

1. 感受幼儿园集体活动的组织形式，愿意参与集体活动。
2. 在音乐中能安静下来，和老师、小朋友一起玩游戏。
3. 体验集体游戏的快乐。

活动准备

物质准备：音乐。

经验准备：知道自己的名字。

活动过程

教师可以事先选择音乐游戏或语言游戏。

一、点名活动。

教师依次点每个幼儿的姓名，鼓励幼儿大声、清楚地说"到"，遇到不愿意说的幼儿可以暂时回避，避免造成幼儿的紧张情绪。

二、音乐游戏"拉拉手"。

一位教师负责弹琴，一位教师负责带领幼儿和家长玩游戏。

教师让幼儿手拉手，边唱边走成圆圈，大家一起跟着音乐做动作。有家长陪伴的幼儿，可以邀请一位家长一起参加游戏，听音乐围着圆圈走并做各种动作。不愿意参加的幼儿可以在一边看别人游戏。

可以根据幼儿的兴趣，增加游戏的次数。

三、在音乐声中和小朋友再见并欢迎小朋友们明天再来一起做游戏。

附：拉拉手

$1=B \dfrac{4}{4}$

| 3 5 5 — | 3 5 5 — | 3 5 1̇ 7 | 6 1 5 — |

拉 拉 手　　拉 拉 手，　　拉 成 圆 圈　慢 慢 走，
拍 拍 手　　拍 拍 手，　　拍 拍 小 手　向 前 走，

| 6 6 5 — | 3 5 5 — | 6 5 3 1 | 2 5 1 — ‖

慢 慢 走，　　慢 慢 走，　　放 下 小 手　点 点 头。
向 前 走，　　向 前 走，　　转 个 圆 圈　点 点 头。

活动二　入园适应（二）（综合）

活动内容：半日适应活动（入园—午饭）

入园—9：15 接待及区域自由游戏

活动目标

1. 愿意在活动室里和老师一起游戏，不随意跑到教室外面。
2. 能在遇到困难时，寻求老师的帮助。
3. 与父母分离时能在老师帮助下渐渐稳定情绪。

活动准备

物质准备：数量充足的玩具。

经验准备：熟悉班级环境。

活动过程

一、三位教师分工，可以由一位教师专门负责门口接待，另两位教师陪同幼儿们玩。也可以由三位老师分头接待，并陪同被接待的幼儿玩一会儿，具体方式各班可以视情况而定。

二、鼓励幼儿和爸爸妈妈告别，建议家长送来孩子后，立即离开，不要在门口逗留，以防引起幼儿的哭闹。对于哭闹的幼儿，可以安排专门的教师看护，避免影响其他的幼儿。

三、幼儿在活动室内玩玩具，可以玩从家里带来的玩具或教室的玩具。

四、教师注意有特别需要帮助的幼儿，及时为幼儿提供帮助，以安抚情绪为主。

五、活动结束时提醒幼儿将玩具放回原处。

9：15—10：00 点心及其他生活环节：魔术点心时间

活动目标

1. 愿意坐下来和同伴一起吃点心。
2. 在老师的提醒下，能完成喝水、上厕所等事情，熟悉生活环节。
3. 对老师有一定的依赖感，主动寻求老师的帮助。

活动准备

物质准备：1. 手偶；2. 轻松的音乐。

经验准备：愿意听老师的话，和老师一起活动。

活动过程

一、用音乐和手偶吸引幼儿，在老师的帮助下都坐下来。

1. 教师：魔术师要变魔术咯，小朋友把小椅子带到魔术师身边来。

2. 另外两位老师提醒、帮助动作慢的幼儿都坐到魔术师的附近，老师帮助幼儿把椅子放放好，围坐成一个圆圈。

教师：魔术师变变变，变出什么啦？

教师：小叮当（玩偶可自选）给小朋友带来礼物啦。

分享小叮当带来的礼物。（用一块布把点心盖起来）

教师：小叮当带来什么礼物了呢？你们想知道吗？

教师：这份礼物甜甜的，香香的，颜色是……（根据点心特征描述）

教师：好好吃的……，你们想和小叮当一起分享吗？

3. 小叮当提醒幼儿洗手。

小叮当：别着急，我要看看你们的小手，小手干净才能吃点心，不然肚子会疼的。

教师以小叮当的身份检查幼儿的小手，并一一提醒幼儿有序去洗手，另两位教师帮忙组织幼儿洗手。

二、幼儿吃点心。

吃完点心的幼儿，教师提醒其去小便，并提供及时帮助。

10：00—10：45 音乐游戏"拉拉手"

活动目标

1. 喜欢童谣音乐，能在老师的鼓励下听音乐做动作。
2. 愿意参加游戏，模仿老师的动作。

活动准备

物质准备：1. 铃鼓；2. 手偶。

经验准备：能跟着音乐做动作。

活动过程

一、点名活动。

1. 教师：小叮当还不认识大家呢，他可想知道每个小朋友的名字了。现在我念到谁的名字，就请他站起来，敲一下小叮当带来的铃鼓，并且大声说"到"。

可以请一个老师进行示范。

二、音乐游戏。

1. 教师：小叮当还想和小朋友一起玩游戏呢，现在老师会一个个请到大家，我们手拉手，再玩一玩昨天的游戏。

2. 幼儿和教师一起游戏。

游戏可重复 3~4 次，视幼儿的情绪而定。

10：45—午餐

三位教师分工，组织幼儿洗手，进行餐前准备。

幼儿进行午餐，教师在开始时不喂幼儿，鼓励大家自己进餐，并进行观察，了解幼儿进餐的习惯和能力；对有特殊需要的幼儿，先鼓励，后帮助，慢慢锻炼其能力。

午餐后

在音乐声中和幼儿说再见，送给幼儿每人一个小礼物（如贴花、小红花、折纸等），鼓励幼儿明天（或下周一）再来。

活动三　入园适应（三）（综合）

活动内容：半日适应活动（入园—下午起床）

入园—9：00　接待及自由区域游戏

教师欢迎幼儿的到来，从家长手中接过幼儿；为不哭的幼儿发礼物，表示鼓励；安排不哭的幼儿进行自由活动，安抚哭闹的幼儿。

9：00—9：30　点心及其他生活环节

组织幼儿如厕、吃点心、喝牛奶。注意提醒幼儿在活动室里慢慢走，不奔跑，防止跌倒。特别在如厕的环节，帮助有困难的幼儿整理裤子。告诉幼儿随时可以上厕所。

9：30—10：10 "欢迎小剧场"表演会

活动内容

小班年级组集体观看小剧场表演，表演由老师装扮成魔术师，进行简单的魔术表演，给幼儿变出礼物，表扬勇敢的幼儿，鼓励大家继续上幼儿园。

活动中特别注意班级幼儿的组织，及时提醒乱跑的幼儿，并为有特别需要的幼儿提供帮助。

活动目标

1. 感受魔术的神奇，愿意安静地观看魔术活动。
2. 乐意参与魔术的互动环节。
3. 感受幼儿园集体活动的快乐，喜欢幼儿园。

活动准备

物质准备：1. 自制魔术棒和魔术盒或魔术袋，魔术遮挡布；2. 由一位教师装扮成魔术师；3. 糖果、毛绒玩具等礼物。

经验准备：能安静地看表演。

活动过程

一、在音乐声中魔术师登场，吸引幼儿的注意力。

1. 魔术师变魔术。

魔术师用较夸张的身体动作变出自己带来的魔术装备。

魔术师变玩具，引出变魔术的话题。

魔术师变糖果，变魔术的过程中鼓励幼儿参与，一起喊"变变变"。

2. 分享魔术师变出来的礼物。

3. 一起同唱"拉拉手"，带上礼物回到班级活动室，分享好吃的水果糖。

二、10：10—10：45 户外走走。

教师带领幼儿在幼儿园的户外走一走，看一看，提醒大家不能离开老师。还可以在小操场玩一玩。（注意和其他班级的户外活动时间错开）

三、10：45—11：45 午餐时间。

教师为幼儿盛好饭菜，鼓励幼儿自己吃饭，对个别不会自己吃饭的幼儿，教师可以通过帮助和鼓励幼儿用餐。

四、11：45—12：15 睡前准备。

教师帮助幼儿做好睡前准备，提醒幼儿小便，把鞋子放在统一的地方，找到各自的小床，上床后准备午睡。

五、12：15—14：30 午睡。

教师做好情绪不稳幼儿的情绪安抚工作，可以采用播放安静音乐或故事的方式，安抚幼儿的情绪，分工组织好幼儿午睡。

六、午睡后幼儿离园

在音乐声中和幼儿说再见，送给幼儿每人一个小礼物（如贴花、小红花、折纸等），表扬他们的进步。

活动四　我的标记朋友（社会）

活动目标

1. 了解物品放置的位置，知道要用有自己标志的专用毛巾、茶杯。
2. 认识并初步记住自己的标记图（或自己的照片）。
3. 知道标记图的用处，爱护标记图，不乱撕破。

活动准备

物质准备：1. 各种实物标记图（或幼儿自己的照片 3～4 张）；2. 小红花若干。

经验准备：幼儿认识自己的照片。

活动过程

一、幼儿自由选择喜欢的标记图，和标记图做朋友。

1. 教师：今天有很多标记朋友来做客，说出具体的名称。
2. 教师：看看它们是谁？你最喜欢哪个呢？选一个你最喜欢的做你的好朋友。
3. 教师引导幼儿观察各种各样的标记图，选择一种自己最喜欢的标记图，和它做朋友，说一说标记朋友的名字。

二、引导幼儿了解标记图的作用。

1. 教师（出示毛巾和茶杯）：这么多毛巾和茶杯都是一样的，放在一起随便取用很不卫生，所以每个人都要有自己的毛巾和茶杯。小标记代表每一个小朋友，可以帮助我们找到自己的毛巾和茶杯，小标记要贴在哪里呢？（启发幼儿说出把标记朋友贴在茶杯架和毛巾架的旁边）
2. 教师总结：标记朋友能帮助我们找到自己的茶杯和毛巾在什么地方。

三、实践操作活动：幼儿粘贴标记，确立毛巾、茶杯的位置。

1. 教师：拿好自己的标记朋友，和老师一起贴在毛巾架的挂钩处。
2. 幼儿分组轮流将标记图贴到相应的位置上，注意在贴的过程中，不要撕破了标志。教师辅助幼儿完成操作过程，不要急于帮幼儿贴标志，不要包办代替。
3. 教师小结：小朋友的毛巾旁都有自己的标记了，以后擦手就不会拿错毛巾了。

教师：我们喝水的茶杯还没有标记，我们快快给他们贴上标记吧。

4. 幼儿用同样的标记图贴在自己的茶杯上。

四、游戏：看谁找得快。

采用游戏的形式，引导幼儿分组找自己的毛巾和茶杯，教师给找得又对又快的幼儿发小红花。在游戏中进一步巩固、练习寻找自己的标记。

活动建议

1. 标记的使用目的在于：便于幼儿迅速找到自己的毛巾、茶杯、座位等，因此，在标记的选择方面，各班可以根据自己的情况进行选择，既可以用不同的动物、水果、花等，也可以使用幼儿的一寸照片，形式不限。

2. 在幼儿确定标记后，教师可以把幼儿的标记统计出来，告知家长，便于家长帮助幼儿巩固并尽快记住自己的标记。

活动五 亲亲（音乐）

活动目标

1. 愿意和老师、小朋友一起演唱歌曲。
2. 能用愉快的情绪演唱歌曲，边唱边表演动作。
3. 感受教师爱小朋友，小朋友也爱教师的情感。

活动准备

物质准备：1. 笑脸娃娃，音乐片段；2. 电脑一台，相机一部。

经验准备：和老师建立了一定的亲切感。

活动过程

一、激发幼儿对于歌曲内容的兴趣。

1. 教师出示笑脸娃娃。

教师：看看小娃娃笑得多好看。像什么？谁来亲亲她。

2. 请个别幼儿上来亲亲娃娃，对娃娃说一句好听的话。（如：娃娃，你真漂亮！娃娃，我爱你！娃娃，我喜欢你！等等）；鼓励幼儿说出和别人不同的话，看谁说得多又好。

3. 教师播放歌曲的片段，引导幼儿欣赏歌曲，说说歌曲里唱了什么。

二、教师范唱歌曲，引导幼儿理解并学习歌词。

1. 教师以娃娃的口吻清唱歌曲。注意演唱的速度尽量慢一些，让幼儿听清楚歌词。

2. 幼儿在教师的提问下，进一步理解歌词内容，熟悉旋律。

教师：娃娃的脸像什么？老师亲亲谁？老师的脸像什么？我亲亲谁？

3. 教师第二遍范唱，教师请幼儿参与到表演中。请个别幼儿亲亲娃娃，渲染气氛。

三、幼儿学唱歌曲。

1. 教师带领幼儿用语言念歌词的内容。

采用"教师念一句，幼儿念一句"的形式，练习1~2遍，注意个别字词的发音准确："亲""快""笑脸""苹果""花朵"等。

2. 教师带领幼儿一起演唱。

建议刚开始的时候由教师唱一句，幼儿唱一句；第二遍后，可以连起来演唱。一段一段唱熟后，再两段一起演唱。

3. 在教师的带领下幼儿随乐演唱2~3遍。教师在幼儿演唱歌曲的过程中，根据歌词适时去亲亲每个幼儿，表现喜爱幼儿的情感。也可以抱着幼儿，启发幼儿亲亲老师，进行互动。

四、教师和幼儿拍照留念。

1. 教师：老师为什么要亲亲小朋友？小朋友爱老师吗？

2. 请小朋友抱着、亲亲最喜欢的老师，另一位老师为他们拍照留念。

3. 观看拍摄的照片，看看老师、小朋友开心的表情。

附：亲亲

$1=D \quad \frac{4}{4}$

3	3	3	2	1	3	2	—	3	3	3	2
我	的	笑	脸	像	苹	果，		老	师	你	快
老	师	的	笑	脸	像	花	朵，	老	师	我	想

1	3	2	3	3	3	2	1	—	—	—
亲	亲	我，	亲	呀	亲	亲	我。			
亲	亲	你，	亲	呀	亲	亲	你。			

第二周　活动一　小乌龟上幼儿园（语言）

活动目标

1. 能安静地和大家一起听故事，了解故事的主要角色和情节。
2. 能帮小乌龟一起想办法解决困难，知道在幼儿园生活很有趣，和小朋友一起玩会很快乐。
3. 喜欢听故事，感受集体听故事的乐趣。

活动准备

1. 木偶小乌龟；2. 故事《小乌龟上幼儿园》；3. 图片或课件及电脑或电视。

活动过程

一、出示木偶小乌龟，激发幼儿听故事的兴趣。

1. 教师：小朋友，你们看，谁来了？我们要对小乌龟说什么？

引导幼儿对小乌龟说一句欢迎的话。（如：小乌龟，你好呀；小乌龟，我好喜欢你；小乌龟，我想抱抱你……）

2. 教师：小乌龟听了小朋友的话，开心极了，他要给大家讲一个自己的故事。

二、教师讲述故事《小乌龟上幼儿园》，幼儿初步理解故事内容。

1. 教师使用木偶小乌龟，完整有表情地讲故事到"小乌龟大哭起来"。
2. 幼儿倾听，教师通过提问帮助幼儿理解故事的内容。

教师：小乌龟第一天上幼儿园，他的心情怎么样？

　　　小乌龟害怕的时候，做了一件什么事情？

　　　又来了哪些小动物？他们把小乌龟当作了什么？

　　　小乌龟怎么样了呢？

三、教师播放课件或图片，再次讲述故事，并引导幼儿展开讨论。

1. 师幼边看课件边听故事前半段，进一步理解故事的内容。
2. 师幼讨论：小乌龟哭了，好不好？为什么？小乌龟该怎么办？

鼓励幼儿给小乌龟想出好办法，可以把想出的办法表演出来。

四、故事情境的迁移，拓展幼儿的经验。

1. 教师：我们也是第一次上幼儿园，班上也有小朋友像小乌龟一样害怕，我们应该怎么帮助他呢？（如：和他一起玩，请老师抱一抱，大家一起安慰他……）
2. 小朋友玩玩具，鼓励幼儿邀请思念妈妈的幼儿一起玩。

附：故事

小乌龟上幼儿园

文 / 李紫蓉

小乌龟第一天上幼儿园，幼儿园里的人他都不认识，他有些害怕，把手和脚缩进乌龟壳里。

小青蛙、小鸭子、小鸡走过来，都不知道那个躺在地上的东西是什么，就在上面跳来跳去，又当鼓敲呀敲，还在上面画画呢！

小乌龟忍不住大哭起来。大家吓了一跳，原来是一只小乌龟呀！小青蛙、小鸭子和小鸡高兴地邀请小乌龟和他们一起玩，大家又唱又跳，好快乐啊！

活动二 好玩的毛线团（美术）

活动目标

1. 了解油画棒的使用方法，对油画棒的色彩及使用时产生的痕迹感兴趣。
2. 尝试使用油画棒画出连续的线，表现毛线团的特征。
3. 愿意参加绘画活动，用完油画棒后会收到盒子里。

活动准备

物质准备：1. 每组一筐油画棒；2. 画纸人手一张（贴有拉着一根线的小动物）、大的图画纸一张（示范用）；3. 毛线团一个；4. 节奏明快的音乐。

经验准备：已认识各种油画棒。

活动过程

一、教师出示毛线团以及画纸，引起幼儿的兴趣。

教师：今天小动物们和毛线团玩起了游戏。你们看过毛线团是什么样子的吗？我们今天就用油画棒来帮助小动物们画个毛线团吧。

二、引导幼儿观察油画棒。

1. 教师：看，油画棒都住在盒子里，它们是什么样子的？它们的颜色一样吗？都有哪些颜色？
2. 引导幼儿观看教师现场绘画。

教师边讲解边示范如何正确使用油画棒（大拇指和食指、中指夹住油画棒绘画，用完油画棒后放回原处等）。

三、引导幼儿用油画棒以连续绕圈的方式画毛线团。

1. 教师鼓励幼儿大胆地连续绕圈画，并提醒幼儿油画棒不要间断。
2. 用游戏化的语言引导幼儿及时把油画棒放回原处。

教师：油画棒喜欢住回自己的家里，你记得要把它放回原来的地方哦。

3. 鼓励正确拿油画棒的幼儿，对因拿油画棒方式不正确而影响绘画的幼儿进行个别指导。

四、展示幼儿作品，体会作画的乐趣。

1. 教师和幼儿一起点评。

教师：看看我们今天都画了什么，你来给大家介绍一下吧！

2. 请幼儿收放好油画棒。

活动三 甜甜的糖果（科学）

活动目标

1. 感知糖果的形状、颜色、味道等主要特征，能用语言简单描述。
2. 学习通过看看、摸摸、闻闻、尝尝等多种方式感知糖果的多样性。
3. 愿意参加探究活动，并用语言表达自己的发现和感受。

活动准备

物质准备：每个幼儿准备2～3种糖果（大小、形状、颜色、软硬等不同）。

经验准备：幼儿品尝过各类糖果。

活动过程

一、幼儿向大家介绍自己带来的糖果。

1. 教师：今天，你带来了什么？你愿意介绍给小朋友们吗？
2. 幼儿介绍自己带来的糖果。

二、通过摸一摸、看一看，观察糖果的颜色、外形等特征。

1. 教师：大家带来的糖果真多呀！请将它们放在桌子中间的糖果盘或糖果盒中，再仔细看看，它们一样吗？
2. 教师：这些糖果有什么不同呢？请你说一说。（引导幼儿从糖的大小、形状、颜色、触感及包装等方面进行观察）
3. 教师：刚才我们用眼睛看，发现糖果的大小、形状、颜色和外面的包装都不相同。这些糖果还有什么不同？我们还可以用什么方法知道呢？
4. 教师：请你们用手捏一捏，有什么不同？用鼻子闻一闻，有什么不同？（引导幼儿运用

更多的感官感知糖果的软硬和味道的不同）

三、品尝糖果，感受糖果的不同味道。

1. 教师：糖果是什么味道的？请每人选一个自己喜欢的糖果尝一尝。（鼓励幼儿通过自己的探索，剥开糖纸）

2. 教师：你吃的糖果是什么味儿的？糖果吃到嘴里有什么变化？（引导幼儿自由表达自己的感受，并学习使用一些简单的词语进行表达，教师则进行概括和归纳）

四、提醒幼儿吃完糖后要及时漱口。

教师：糖果虽然好吃，但不能多吃。我们也要记得吃过糖果后及时漱口，要保护好我们的牙齿。

活动四　做个美梦（健康）

活动目标

1. 愿意在幼儿园里和小朋友一起睡午觉，知道睡午觉时不离开自己的小床，不哭闹。
2. 初步学习安静入睡的好办法，懂得长时间哭泣对身体不好。
3. 懂得睡觉时不能蒙脸、吃手指、咬被角。

活动准备

物质准备：1. 和故事内容匹配的图片一组；2.《摇篮曲》音乐。

经验准备：幼儿有在幼儿园午睡的经验。

活动过程

一、教师出示动物角色的图片，引发幼儿产生兴趣。

教师：森林里的小动物们都上幼儿园了，小熊、小兔，还有小象都要在幼儿园午睡，让我们来看看他们睡得怎么样。

二、教师运用图片，讲述故事的主要内容，引发幼儿讨论。

1. 教师边演示图片边完整讲述故事，幼儿倾听故事。
2. 根据故事内容，教师提问并组织幼儿讨论。

教师：哎呀，小动物们在干什么？为什么哭呀？

3. 师幼共同讨论小动物们在床上蒙着脸哭、咬被角的原因。

三、教师从故事迁移到幼儿自己的生活，组织幼儿进行讨论。

1. 教师：你们愿意在幼儿园午睡吗？
2. 幼儿自由地发表自己的想法，教师鼓励幼儿分别说说愿意、不愿意的原因。

3. 师幼讨论：你们在家是怎样睡觉的呢？是自己睡还是和爸爸妈妈一起睡？怎样才能睡得着？

四、师幼共同讨论在幼儿园愉快入睡的好办法。

1. 教师：你有哪些办法让自己在幼儿园午睡时做个甜甜的梦呢？
2. 师幼一起学习几种让自己愉快入睡的方法。（如：舒服地躺下来，安静地听音乐等）
3. 教师念一首小诗歌《梦》，请幼儿欣赏。
4. 情景体验游戏。教师播放音乐，创设温馨的环境，让幼儿闭上眼睛，体验入睡的感觉。

附：儿歌

梦

小狗的梦里，

有香香的肉骨头。

小猫的梦里，

有偷米的老鼠。

小鱼的梦里，

有鲜鲜的虾米。

小朋友的梦里呀，

有一对透明的翅膀，

飞呀飞，

飞进了悠悠的云朵里。

活动建议

1. 为配合本次教学活动，教师可以在活动后，在每天午睡的时候，给幼儿播放安静的音乐，或者讲一个睡前故事，让幼儿在轻松、舒适的环境里入睡。
2. 对一些有特殊睡眠习惯（如：抱自己的物品入睡、吮手指、咬被角等）的幼儿，教师要区别对待，暂时可以满足他们的要求，隔段时间后，慢慢帮助幼儿解决这些问题。

活动五　我爱我的幼儿园（音乐）

活动目标

1. 理解歌曲的主要内容，学习用自然的声音演唱歌曲。

2. 在教师的提示下，尝试听前奏整齐地演唱，并用乐器大胆地演奏。

3. 乐意参与乐器的演奏活动，体验大家一起表演的快乐。

活动准备

物质准备：1. 人手一件小乐器（小铃、圆舞板、三角铁）；2. 音乐《亲亲》和《我爱我的幼儿园》。

经验准备：能大胆地唱歌，认识简单的乐器。

活动过程

一、复习歌曲《亲亲》。

1. 教师弹歌曲的前奏，帮幼儿回忆歌曲的旋律和歌词的内容。

2. 幼儿和教师一起演唱歌曲。教师鼓励幼儿一边唱一边表演，提醒幼儿吐字清晰、准确。

3. 请个别幼儿到集体前面表演。

二、教师示范演唱《我爱我的幼儿园》，帮助幼儿理解歌词内容。

1. 幼儿倾听教师演唱歌曲。

2. 幼儿在教师的问题引导下，理解歌词内容。

3. 教师鼓励幼儿用动作表现"大家一起真快乐"。（如抱抱、亲亲、拉拉手等）

三、幼儿学唱歌曲。

1. 教师与幼儿共同在音乐伴奏下念歌词1～2遍。

2. 教师唱歌，幼儿跟随教师边唱边做动作，一拍一下。

3. 教师引导幼儿听前奏整齐地演唱2～3遍。

四、教师出示乐器，鼓励幼儿一边演唱一边伴奏。

1. 教师引导幼儿通过摸一摸、看一看、听一听等多感官的参与，认识打击乐器并知道它们的名称。

2. 教师介绍并示范三种乐器的正确拿法和演奏方法。

小铃：手指捏住小铃的绳子轻轻地敲击。

圆舞板：放在一只手的手心，用另一只手拍打。

三角铁：将绳环挂在左手食指上，右手持击槌轻轻敲击三角铁。

3. 教师通过语言提示和动作示范，引导幼儿学习规范拿取乐器，尝试模仿演奏乐器。

4. 教师可以先引导幼儿尝试用乐器为教师的演唱伴奏，再鼓励幼儿尝试用乐器为自己的演唱伴奏，边唱歌边演奏乐器，感受节奏的韵律。

活动建议

建议演唱活动作为集体教学的第一课时，而"幼儿打击乐器伴奏的学习"可以放在下午的文学艺术活动中进行，也可渗透到班级区域活动中进行。

附：我爱我的幼儿园

$1=C \frac{4}{4}$

| 1 2 3 4 | 5 5 5 - | 5 5 3 1 | 2 3 2 2 |
| 我 爱 我 的 | 幼 儿 园， | 幼 儿 园 里 | 朋 友 多， |

| 1 2 3 4 | 5 5 5 - | 5 5 3 1 | 2 3 1 - ‖
| 又 唱 歌 来 | 又 跳 舞， | 大 家 一 起 | 真 快 乐。

第三周　活动一　大家来上幼儿园（语言）

活动目标

1. 能与老师一起快乐地、有表情地朗诵儿歌。
2. 喜欢念儿歌，准确地发音：猫（māo）、鸟（niǎo）、排队（páiduì）、跳舞（tiàowǔ）等。
3. 知道上幼儿园是很快乐的，小朋友在一起很开心。

活动准备

物质准备：1. 有关儿歌的图标；2. 蚂蚁的贴画。

经验准备：幼儿有乐意上幼儿园的积极情绪。

活动过程

一、教师表扬高高兴兴上幼儿园的小朋友，引出儿歌中的小动物。

1. 教师：今天哪些小朋友高高兴兴来上幼儿园的？
2. 教师：老师表扬你们，真好！高高兴兴来上幼儿园，看到老师、小朋友脸上都笑眯眯的。动物幼儿园里也有小动物要上幼儿园。

二、出示图标，介绍故事的角色。

1. 教师：有些小动物也像他们一样，每天高高兴兴上幼儿园，是哪些小动物呢？

2. 教师依次出示小动物的图标：小猫、小鸟、小狗。

教师：看看，它们是谁呢？（引导幼儿和这些动物们打招呼）

三、教师示范朗诵，帮助幼儿理解儿歌的主要内容。

1. 教师有感情地朗诵儿歌，边朗诵边出示图标，帮助幼儿记忆顺序。

2. 朗诵后，教师将图标收起，请幼儿依次说出小动物的名字。

3. 针对儿歌的部分词汇，进行提问并表演。

教师：小动物是怎么来上幼儿园的呢？（幼儿自由、大胆地回答）

4. 教师带领幼儿根据儿歌里的内容，表演小动物们上幼儿园的动作、表情，感受小动物们快乐入园的感觉。

四、教师带领幼儿看图标学习儿歌。

1. 集体学习朗诵儿歌，教师带领全体幼儿一起念儿歌1～2遍。

2. 采用男生、女生、混合分小组、个别念等形式，继续进行儿歌的巩固练习。

3. 注意在学习的过程中，纠正幼儿不正确的发音。

4. 教师引导幼儿边念儿歌边表演。

五、小结：幼儿园真好，有许多小朋友在一起玩游戏，很开心。

活动建议

1. 此儿歌中的部分词语，幼儿容易发错音，教师要注意及时纠正，并通过在餐前、散步等环节组织幼儿进行复习、巩固，加深印象，逐步熟练。

2. 有条件的班级，教师可以自制一些课件，配合图标一起使用，增加活动的趣味性。

附：儿歌

大家来上幼儿园

小猫来上幼儿园，
看见老师笑眯眯。
小鸟来上幼儿园，
唱歌跳舞做游戏。
小狗来上幼儿园，
排队走路一二一。
我也来上幼儿园，
朋友多呀真开心，
真开心！

活动二　开火车（体育）

活动目标

1. 练习一个跟着一个走。
2. 能遵守游戏的简单规则，不乱跑。
3. 体验集体活动的乐趣。

活动准备

物质准备：1. 场地上有画好的大圆圈；2. 音乐；3. 火车头标记。

经验准备：幼儿已认识火车。

活动过程

一、开始部分。

1. 玩游戏"摸摸乐"。

幼儿四散站好，原地边拍手边念儿歌："摸一摸，乐一乐，摸摸这，摸摸那，摸××走回来。"教师发出指令，请幼儿摸指定物。幼儿听到教师指令，迅速走过去，摸指定物，然后再走回教师身边。

2. 重复游戏2~3次。

二、基本部分。

1. 教师引导幼儿知道什么是"开火车"（一组连接）。

教师先请幼儿按照自然组站好队列，每组为一列火车，发出火车启动的声音，让幼儿辨别是什么声音，引起幼儿游戏的兴趣。

教师向幼儿交代游戏方法和要求。

教师："开火车时，后面的小朋友拉住前面小朋友衣服的下摆，一个跟着一个向前走，每组最前面的小朋友是'火车头'，要看好方向，找空的地方开，小心'撞车'，看哪组开得又稳又好。"

2. 教师观察每组幼儿，提醒幼儿一个跟着一个走，小手不能松。

3. 拓展游戏"火车变长了"（两组连接）。

教师引导幼儿按小组两两对接"火车"，继续玩"开火车"的游戏，并提醒"火车头"速度不要过快。

4. 可增加游戏环节"火车到站了"，让幼儿适当休息。

5. 集体游戏"一列火车"（全体连接）。

教师引导"火车头"去找另一队的"火车尾"全部连接成一列火车，在音乐声中，继续玩

"开火车"的游戏。(注意动静交替以及场地上的变化)

三、结束部分。

全体幼儿玩音乐游戏"找朋友",放松身心,并继续体验集体活动的乐趣。

活动建议

1. 这个体育活动的目的在于让幼儿练习一个跟着一个走,用开火车的形式能很好地引发幼儿的兴趣。但仅仅通过这一次活动,幼儿很难掌握动作要领,需要在日常生活中,反复练习、强化和巩固。因此,在游戏时间、下午的锻炼活动中都可以继续进行。

2. 在玩"开火车"的游戏时,教师要特别注意幼儿的安全,提醒幼儿慢慢走,不要奔跑,防止幼儿跌倒;特别是变成一列火车的时候,教师要控制好幼儿的速度,避免发生危险。

活动三　小动物走(音乐)

活动目标

1. 熟悉律动音乐,初步学习有节奏地模仿动作走和叫。
2. 借助已有的经验,用工整替换的方法,创编不同动物的动作和叫声并模仿。
3. 体验和朋友一起表演、创编的乐趣。

活动准备

物质准备:1. 小鸡走的韵律音乐(自选);2. 动物图片;3. 录音机或电脑。

经验准备:了解各种动物的走路方式。

活动过程

一、复习歌曲《我爱我的幼儿园》。

1. 教师弹琴,请幼儿回忆歌曲名称。
2. 全体幼儿一边唱一边表演《我爱我的幼儿园》,体验和朋友一起表演的快乐。

二、引导幼儿学习并模仿"小鸡"的动作。

1. 教师用动物图片引发幼儿模仿的兴趣。

教师:小动物也来和我们一起做游戏了。你们看,是谁来啦?

2. 教师引导幼儿用动作模仿小鸡走。

教师:小鸡是怎么走来的?

3. 教师将幼儿的模仿动作提炼成有节奏的动作,让幼儿自然地模仿。
4. 幼儿一边听教师用慢速哼唱音乐,一边坐在座位上练习一拍一下地做小鸡走的动作。

三、在情境中进行表演。

1. 教师请幼儿到场地中间找空地站好,教师扮演鸡妈妈,幼儿当小鸡,创设小鸡学本领的情境,让幼儿听琴声练习小鸡走的动作。

教师:小鸡们和妈妈一起去找虫吧!走路的时候注意找空地方。

2. 教师引导幼儿在每一乐句的后半句加上鸡叫的声音,注意不要大声喊叫。

3. 教师:小鸡找到虫子,高兴地叫起来。小鸡是怎么叫的?(提醒幼儿用欢快的声音叫出来)

4. 教师哼唱音乐,幼儿练习小鸡走和叫,每个乐句前半句走两步,后半句叫两声。

5. 教师重点反馈、观察个别幼儿合拍的动作,全体幼儿听音乐模仿小鸡的动作。

四、师幼创编其他动物的模仿动作。

1. 教师引导幼儿迁移已有的生活经验进行创编。

教师:还有哪些小动物也来学本领啦?他们是怎么走、怎么叫的呢?

2. 个别幼儿提出小动物的名称,教师引导全体幼儿共同创编这一动物走的动作和叫声。

3. 教师带领幼儿听音乐做刚才创编的模仿动作,教师用体态、动作提示幼儿合拍做动作。

4. 幼儿连续模仿2~3种动物。

教师连续出示几个动物形象,幼儿连续模仿,每一遍音乐模仿一种动物。间奏时,教师用语言或动作提醒幼儿要模仿的动物形象,并做好准备。

活动四 好吃的波板糖(美术)

活动目标

1. 欣赏多种装饰造型的波板糖(棒棒糖),喜欢波板糖鲜艳的色彩与卡通的造型。

2. 学习使用模具压制波板糖(棒棒糖)的造型,尝试用油泥搓、捏一些细条、小珠子装饰波板糖。

3. 愿意动手搓搓、捏捏,发展小肌肉。

活动准备

物质准备:1. 模具、各色彩泥、小棒子等;2. 娃娃;3. 音乐《生日歌》。

经验准备:有吃过波棒糖的经验。

活动过程

一、设计情境,导入活动。

1. 出示娃娃,创设生日的情境。

教师：今天宝宝过生日，宝宝最喜欢棒棒糖，你吃过棒棒糖吗？

出示实物棒棒糖（也可以用棒棒糖图片），帮助幼儿回忆有关吃棒棒糖的经验。

教师：你吃过什么样的棒棒糖？我们一起做好吃的棒棒糖祝宝宝生日快乐吧！

二、讨论制作方法。

1. 教师介绍泥工模具，示范模具的用法。

先用团圆、压扁的方法，做一个大大的"饼"；再把磨具放在油泥上，不能移动，按压磨具，去除磨具外多余的油泥，取下模具，棒棒糖的外形就完成了。

教师：棒棒糖做好了，送给宝宝吧！宝宝，祝你生日快乐！

教师模仿宝宝的口气，不高兴地摇头说：不要不要。

教师：宝宝为什么不喜欢棒棒糖？

教师引导幼儿对比实物棒棒糖的色彩，引发幼儿装饰棒棒糖的愿望。

2. 师幼讨论装饰棒棒糖的方法。

教师：我们让棒棒糖变得更漂亮一些，可以怎样做呢？

可做一些小彩珠、小彩条装饰棒棒糖，请个别幼儿示范：分出一点儿彩泥，搓一搓，搓成细条或者小珠珠，贴在棒棒糖上。

三、幼儿操作。

教师指导幼儿正确使用模具，提示幼儿用小彩珠、小彩条装饰作品，最后用小棒子撑起棒棒糖，送给宝宝，并说：祝宝宝生日快乐！

四、作品展示。

教师：谢谢大家！请你们一起吃棒棒糖吧！

幼儿一边吃棒棒糖，一边欣赏同伴的作品，体验成功的快乐！

活动五　安全玩滑梯（健康）

活动目标

1. 学习正确玩滑梯的方法和排队的方法。
2. 知道排队时一个跟着一个排，不推不挤，有初步的安全意识。
3. 感受遵守规则玩游戏的快乐。

活动准备

物质准备：1. 教师及幼儿排队等待玩滑梯的照片或视频；2. 照相机。

经验准备：幼儿已熟悉幼儿园滑梯的玩法。

活动过程

一、教师讲故事，引导幼儿用正确的方法玩滑梯。

1. 教师：你们玩过滑梯吗？你喜欢玩滑梯吗？你是怎么玩滑梯的？
2. 教师完整地讲述故事《小熊受伤了》，根据故事的内容提问。

教师：故事里的小熊是怎么玩滑梯的？他做得对吗？

二、引导幼儿了解滑梯的正确玩法。

1. 师幼讨论：怎样玩滑梯才安全呢？
2. 组织幼儿在户外观察大班哥哥姐姐玩滑梯。
3. 请哥哥姐姐向幼儿介绍滑梯的玩法。

教师：哥哥姐姐在玩什么？他们是怎么玩的？我们请哥哥姐姐来说一说。

4. 教师总结正确玩滑梯的方法：小手扶好滑梯两侧的扶手，一个跟好一个从台阶上滑梯，坐好后再往下滑。人多时要排好队，不要拥挤。

三、在哥哥姐姐的带领下，尝试用正确的方法排队和玩滑梯。

1. 大班哥哥姐姐带着弟弟妹妹一起玩游戏。
2. 教师在一旁观察，适时提醒幼儿用正确的方法排队、玩滑梯。
3. 教师为主动排队、正确玩滑梯的幼儿拍照作为奖励。

活动建议

1. 本活动建议放在户外，分小组进行，让每位幼儿都有排队、玩滑梯的机会，获得亲身的体验。
2. 教师在幼儿玩滑梯的过程中，要善于观察幼儿的表现，用照相机拍下表现好（如：不争抢，主动排队；双手扶住把手，慢慢滑下来等）的幼儿。回到教室以后，把照片给幼儿欣赏，为这些幼儿发奖品，鼓励并引导其他幼儿向他们学习。
3. 在平时的户外游戏时间，邀请大班的哥哥姐姐带着小班的弟弟妹妹一起玩滑梯、玩运动器械，建立一定的感情，同时让幼儿从哥哥姐姐身上学到好的品质。

附：故事

小熊受伤了

小动物们正在玩滑梯，小熊来了，他吵着嚷着要玩滑梯。他推开了小兔，挤到了小花狗的前面，爬到滑梯的最高处后，趴在滑梯上，头朝下就要往下滑。小狗喊："当心！"小兔也喊："小熊，这样危险！"小熊不听，滑着滑着一下子就从滑梯上摔了下来，头跌破了，胳膊也摔断了，在医院里治疗了很长时间才好。之后小熊玩滑梯的时候就十分小心了。

第四周　活动一　我会放玩具（数学）

活动目标

1. 根据玩具的主要特征，将具有相同特点的玩具摆放在统一的玩具标记下。
2. 能分类摆放玩具，边收拾玩具边用语言讲述"我把××玩具放在××标记下面"。
3. 体验自己收拾玩具的快乐情绪。

活动准备

物质准备：1. 玩具柜1~2个，每个玩具柜均有2~3层隔板，每层隔板上都贴有玩具实物照片的标记；2. 毛绒、汽车、积木等玩具若干。

经验准备：认识班级中的玩具。

活动过程

一、送玩具，引发幼儿的活动兴趣。

1. 出示玩具，认识玩具。

教师：今天园长妈妈给我们送来了好多玩具，我们来看看是些什么玩具。

2. 自由玩玩具，体验快乐。

教师：你们想玩这些玩具吗？（请小朋友选择自己最喜欢的玩具，玩一玩）

二、引导幼儿讨论，尝试摆放玩具——将同样的玩具放在一起。

1. 教师引导幼儿观察玩具及玩具柜。

教师：玩具都混在一起了，它们想回到自己的家，该怎么办呢？

2. 讨论怎样摆放玩具。

教师：怎样摆放玩具才能让大家迅速找到自己喜欢的玩具呢？（同样的玩具放在一起）

3. 探索将同样的玩具放在一起的方法。

教师：这里有玩具柜，每层隔板上都有玩具照片的标记，想想你们手中的玩具应该送到哪里呢？试一试，将你们手中的玩具送到玩具柜相应的位置。

鼓励幼儿尝试将同样的玩具放在玩具柜的同一层隔板上，并引导幼儿边摆放玩具边讲述。

教师：我把××玩具放在××标记下面。

三、观察玩具的摆放情况，分享自己收拾玩具的快乐。

1. 教师：我们的玩具都送对了吗？每层隔板上摆放的玩具都一样吗？我们一起来说一说。

2. 引导幼儿检查、欣赏分类摆放的玩具，分享一起讲述、摆放玩具的乐趣。

教师：你们真能干，不仅会把同样的玩具摆放在一起，还会说清楚放在哪里。

活动建议

活动后，师幼可以在区域活动里一起收集各种废旧材料，如饮料瓶、果冻盒、糖果盒、玩具盒等，引导幼儿将这些物品分类摆放。教师也可提供各类物品的标记，引导幼儿将标记张贴在货架或玩具篓上，鼓励幼儿按物品标记将玩过的玩具等送到相应的地方。

活动二 我该怎么办（健康）

活动目标

1. 知道在遇到困难的时候，要主动向老师寻求帮助。
2. 在遇到问题和困难时不长时间地哭，努力想出解决问题的办法。
3. 愿意积极参与讨论交流，大胆地发表自己的意见。

活动准备

物质准备：1. 活动前排练"皮皮生活剧"的几个片段（邀请大班幼儿演出）；2. 布偶；3. 粉笔和黑板。

经验准备：幼儿有遇到困难的经历。

活动过程

一、教师出示布偶，引起幼儿的兴趣。

1. 教师：小朋友们，我叫皮皮。
2. 引导幼儿和皮皮问好，学习说礼貌的问候语。

教师：皮皮，你好！

二、教师请大班幼儿表演情景剧，表现皮皮的烦恼。

1. 演出皮皮遇到问题就哭的生活剧。

教师：皮皮遇到了一些困难，想请班上的小朋友告诉他该怎么办。

2. 出示布偶，教师以皮皮的身份请求小朋友的帮助。

教师逐一提出问题，请小朋友想办法。（可以根据班上幼儿的情况对问题做调整）

如：我想上厕所时，该怎么办？（自己告诉老师，请老师带去）

我想找妈妈，妈妈什么时候才会来？（睡过午觉，妈妈就会来接）

裤子尿湿了，我该怎么办？（告诉老师，老师会帮我换的）

吃饭时有我不喜欢吃的菜，怎么办？（可以少吃一些）

别人都不和我玩，怎么办？（找其他朋友玩，大家都是好朋友）

如果把别人的东西弄坏了，怎么办？（和别人说对不起）

三、教师用简笔画的方式将幼儿的讨论结果记录下来。

1. 根据幼儿的讨论结果，教师用绘画的方式记录。

2. 教师帮助幼儿结合绘画进行小结。

四、教师小结。

教师：每个人上幼儿园都会像皮皮一样遇到困难，我们可以告诉老师，寻求帮助，一定能慢慢克服这些困难的。

活动建议

1. 此活动将幼儿遇到的困难以情景剧的形式呈现出来，把幼儿自己的困难，用角色的身份表现，更容易让幼儿接受。表演的内容，各班的教师可以在观察班级幼儿情况的基础上，再决定演出内容。

2. 活动之后，教师需要继续观察幼儿在这些方面的表现，看看是否有所改变。若发现了新问题，可以再次展现皮皮的角色，帮助幼儿学习解决问题的方法，重点是在遇到困难的时候寻求教师的帮助。

活动三　拉拉手（音乐）

活动目标

1. 熟悉歌曲的旋律，能初步边唱歌边合拍地做动作。

2. 借助椅子的帮助学习顺着一个方向走圆圈，初步学习和小伙伴表演集体舞。

3. 在与同伴拉手游戏中体验表演的快乐。

活动准备

物质准备：1. 将椅子排成圆圈；2. 自制图片，画面为手拉手的小朋友；3. 音乐。

经验准备：身体锻炼活动中，练习在画有圆圈的场地上走圆圈。

活动过程

一、幼儿围坐成圆圈，集体复习歌曲《亲亲》。

1. 教师弹奏歌曲的前奏部分，请幼儿注意倾听并回忆歌曲的主要内容。

2. 鼓励幼儿用自然的声音演唱歌曲，可以分男生和女生演唱。

二、师幼共同观察图片，激发幼儿学习歌曲的兴趣。

1. 教师出示图片，引导幼儿观察。

教师：图片上的小朋友们在做什么？（手拉手）

2. 教师带领幼儿与旁边同伴拉手，边拉手边有节奏地说："拉拉手，拉拉手。"

三、教师示范清唱歌曲，引导幼儿欣赏并理解歌词的内容。

1. 教师有感情地清唱歌曲《拉拉手》的第一段，让幼儿欣赏，帮助幼儿熟悉歌曲的旋律。

2. 教师通过提问，帮助幼儿理解歌曲的内容，初步学习歌词部分。

教师：好朋友拉拉手干什么呢？歌里是怎么唱的？

3. 教师引导幼儿根据歌曲的旋律，朗诵歌词 2～3 遍。

4. 教师和幼儿一起演唱歌曲 2～3 遍，注意节奏和旋律的正确性，鼓励幼儿尝试自己合拍地做简单的动作。

四、学习顺着椅子的方向走圆圈，练习集体舞蹈表演。

1. 幼儿站到椅子的外围，与同伴拉好手，练习"拉成圆圈慢慢走"的动作。注意要顺着椅子的方向，走成圆圈。

2. 教师先带领幼儿走圆圈，然后幼儿自己走圆圈，渐渐熟悉走圆圈的方向。

3. 幼儿完整地表演歌曲的第一段动作，能根据歌词走圆圈。

4. 师幼共同随音乐边唱歌边表演 2～3 遍。

活动建议

建议此活动分为两个课时进行，考虑到幼儿没有创编的基础，教师可以示范部分动作，让幼儿模仿学习；也可以先不要求幼儿学唱歌曲，只是跟着老师的演唱有节奏地做动作。在幼儿学完第一段歌曲后，利用下午的文学艺术活动时间再学习第二段歌词并表演。两段歌词都掌握以后，还可以利用户外活动的时间到宽阔的场地上进行舞蹈表演。

附：拉拉手

$1=B \dfrac{4}{4}$

3 5 5 —	3 5 5 —	3 5 1̇ 7	6 1 5 —
拉 拉 手	拉 拉 手，	拉 成 圆 圈	慢 慢 走，
拍 拍 手	拍 拍 手，	拍 拍 小 手	向 前 走，

6 6 5 —	3 5 5 —	6 5 3 1	2 5 1 — ‖
慢 慢 走，	慢 慢 走，	放 下 小 手	点 点 头。
向 前 走，	向 前 走，	转 个 圆 圈	点 点 头。

活动四　和哥哥姐姐一起玩（综合）

活动目标

1. 愿意和哥哥姐姐一起玩球，不哭闹，不乱跑。
2. 学习双人双向滚球的方法，尝试控制皮球的方向。
3. 感受被照顾、关心的愉快情感。

活动准备

物质准备：1. 和哥哥姐姐在一起游戏的照片；2. 开阔的场地；3. 幼儿两人一个皮球。

经验准备：每个人有结伴的哥哥姐姐，和哥哥姐姐有过接触，熟悉并建立了一定的感情。

活动过程

一、回忆和哥哥姐姐在一起的欢乐时光。

1. 教师：你喜欢上幼儿园吗？幼儿园里有哥哥姐姐吗？你喜欢哥哥姐姐吗？
2. 欣赏大家在一起游戏的照片，感受和哥哥姐姐在一起的快乐，激发幼儿和哥哥姐姐游戏的兴趣。

二、到哥哥姐姐的班里，和哥哥姐姐见面。

1. 哥哥姐姐在场地等待弟弟妹妹，弟弟妹妹去寻找哥哥姐姐。
2. 大家互相问好、拥抱，表示亲近。

三、大班哥哥姐姐向幼儿展示多种皮球的玩法，调动幼儿的积极性。

1. 教师：哥哥姐姐今天要给我们带来精彩的皮球表演，我们一起鼓掌欢迎。
2. 大班幼儿逐一展示皮球的多种玩法：拍球、抛接球、滚球、传球等。
3. 教师在大班幼儿表演的过程中，具体讲解每一种玩法的名称，并请幼儿也跟着说一说。
4. 教师启发幼儿为哥哥姐姐们鼓掌加油。

四、教师请大班幼儿重点表演滚球，向幼儿介绍滚球的玩法。

1. 师幼观看动作示范和讲解。

教师：哥哥姐姐要邀请我们一起玩滚球的游戏，我们再请哥哥姐姐示范一下。（边示范边讲解）两个小朋友面对面蹲下来，一个人把皮球推给对面的人，推的时候要看着对面的人，力气不能太大也不能太小。

和哥哥姐姐一起玩滚球。

注意事项：开始的时候，可以蹲得近一点，等动作熟练了，再蹲得远一点滚球。

3. 教师注意帮助不愿意接受哥哥姐姐的幼儿，由教师和幼儿一起玩，不要勉强幼儿。

五、和哥哥姐姐说再见，约定下次活动的时间。

活动建议

此活动可以和幼儿的户外活动结合起来，前半部分在活动室进行，后半部分在户外进行；教师可以适当延长活动的时间，让幼儿和哥哥姐姐玩尽兴，不要急于结束；对个别不愿意和哥哥姐姐一起玩的幼儿，不要勉强。

活动五　参观我的幼儿园（社会）

活动目标

1. 能说出自己的名字，我是××幼儿园××班的小朋友。
2. 学习用简单的语句描述幼儿园，如：幼儿园里有××，我们的幼儿园很大，我们的幼儿园很美。
3. 感受幼儿园的美，激发热爱自己幼儿园的情感。

活动准备

物质准备：联系幼儿园的门房、厨房、保健室等。

经验准备：幼儿对各科室有初步的认识。

活动过程

一、激发幼儿认识幼儿园的兴趣。

1. 教师：我们是哪个幼儿园的小朋友？带领幼儿学习说完整的一句话：我是南京市第二幼儿园××班的小朋友。

2. 采用全体、个别等练习方法，进行巩固。

3. 幼儿经验回顾。

教师：你最喜欢幼儿园的哪个地方？

每个幼儿可以大胆地发表自己的想法，只需要说出具体的地方就可以了。

二、教师以导游的身份带幼儿在幼儿园里进行参观。

1. 寻找幼儿园的园牌，认识园名和园徽。

参观顺序：先参观幼儿园的大门，看着园牌告诉幼儿幼儿园的名字，幼儿跟念几遍"××幼儿园"。再欣赏园徽，引导幼儿观察园徽是什么样子的，教师用生动的语言讲述园徽代表的意义。

教师：我们的园徽是一个小小的嫩芽，代表每一个正在成长的小朋友。

2. 参观幼儿园的全貌。

走进大门观赏幼儿园的全貌，知道幼儿园很大、很美，学说短句：我们的幼儿园很大、我们的幼儿园很美。

观看幼儿园的沙盘模型。分别到幼儿园的门房、保健室、厨房、前后楼、游泳池等地方看看。找找幼儿园最美的地方，在喜爱的地方坐坐、玩玩。

三、邀请哥哥姐姐和我们一起玩大型运动器械。

在玩的过程中，提醒幼儿注意安全，人多的时候学习排队等。

四、教师给幼儿在参观、游戏的过程中进行拍照。

重点拍下幼儿快乐的瞬间，回到班级后，大家一起欣赏漂亮的照片。

活动建议

1. 在本活动之前，幼儿应该已经对幼儿园有了一定的了解。活动的目的在于发现一些和幼儿一日生活息息相关的地方，如晨检室、保健室（生病的时候需要找医生）、厨房（做饭菜的地方）；另外还有一些地方，幼儿平时接触较少，如游泳池、菜园等，日后幼儿也会在这些地方活动。所以，参观的路线选择，教师需要有所思考。

2. 对于参观过程中的照片，建议教师布置在班级的主题墙上，让幼儿可以随时欣赏到自己在幼儿园的快乐时光，也有助于增强幼儿对园所的亲近之感。

备选活动 活动一 好听的名字（社会）

活动目标

1. 知道每个人都有名字，当别人喊你的名字时愿意主动应答。
2. 能在集体中大胆地介绍自己，学习礼貌地和人打招呼。
3. 感受自己名字的用处，体验运用名字游戏的乐趣。

活动准备

物质准备：1. 喜羊羊头饰、羊村卡通人物 PPT；2. 游戏场景；3. 背景音乐；4. 手牌；5. 糖果。

经验准备：1. 知道自己的名字；2. 看过动画片《喜羊羊和灰太狼》。

活动过程

一、认识喜羊羊的一家，说出羊羊家族的名字。

1. 教师扮演喜羊羊出场，激发幼儿认识羊羊家族成员的欲望。

教师：小朋友们好！你们认识我吗？我叫什么名字呢？（引导幼儿呼唤喜羊羊的名字，并主动和喜羊羊问好）

2. 利用自制PPT，逐一出示羊羊家族成员，幼儿分别说出他们的名字。

教师：喜羊羊的大家庭里还有哪些伙伴呢？你们知道吗？

3. 幼儿分别和美羊羊、懒羊羊、沸羊羊、慢羊羊问好，欢迎他们的到来。

二、教师用儿歌的形式激发幼儿介绍自己，大声说出自己的名字。

1. 教师朗诵儿歌，激发幼儿学习的愿望。"拉拉手，碰碰头，找到一个好朋友。你是谁？我是×××。你的名字真好听！"

2. 教师通过提问，帮助幼儿回忆儿歌的内容。

3. 师幼一起学习儿歌，帮助幼儿纠正发音。

4. 教师借助儿歌，请个别幼儿向喜羊羊介绍自己的名字。

5. 教师逐步邀请多名幼儿向喜羊羊介绍自己的名字。当幼儿清楚地介绍完自己名字的时候，教师可以用奖品予以鼓励。

三、创设灰太狼来袭的场景，学会在听到自己的名字后给予应答。

1. 创设灰太狼来到羊村的情境，引导幼儿学习回应别人。

教师：灰太狼来了，×××，你躲好了吗？

幼儿回答：我是×××，我躲好了。

2. 灰太狼离开后，教师：×××，安全了，你在哪里？幼儿回答：我是×××，我在××地方。

四、"开火车"到羊羊家族做客，和羊羊家族的成员打招呼，说出自己的名字。

1. 利用自制PPT，逐一出示羊村成员，让幼儿大声说出自己的名字。

2. 结束游戏。

活动建议

此活动结束后，还可以利用户外活动时间，拓展关于幼儿姓名的认识，帮助幼儿养成礼貌应答别人的好习惯。也可以作为班级间幼儿互相认识的一种方式，促进幼儿尽快认识同伴。

活动二 请宝宝吃面条（美术）

活动目标

1. 初步学习用手撕纸的方法，尝试将纸撕成长条状。

2. 能手眼协调地完成撕纸的动作，学习双手的拇指、中指协同配合。

3. 喜欢撕纸的活动，能坚持完成任务。

活动准备

物质准备：1. 剪刀；2. 白色打印纸或彩色广告纸；3. 小碗；4. 彩色打印纸（剪成细长条状，供幼儿撕成小葱等调料）；5. 布娃娃。

经验准备：吃面条的时候有意识地引导幼儿观察面条的形状和特征。

活动过程

一、创设布娃娃过生日的情境，激发幼儿做面条的兴趣。

1. 教师和布娃娃进行对话。

教师：娃娃，你今天为什么这么高兴啊？

布娃娃：今天我过生日。

2. 大家一起向娃娃祝贺生日，祝娃娃生日快乐。

3. 教师：娃娃过生日了，大家可以请他吃什么？（蛋糕、面条等）

4. 出示面条，观察面条的特点。

教师：面条是什么样的？大家可以用什么办法做面条给娃娃吃呢？

二、师幼讨论制作面条的方法。

1. 教师：你的小手会做面条吗？怎样才能做出细细长长的面条呢？

2. 教师示范撕纸的方法。

教师：用大拇指和食指捏紧纸的边缘，一前一后慢慢地向下撕，注意撕纸的方向。撕纸时，纸条不要撕的太宽，要撕出细细长长的面条。

3. 教师请一个小朋友练习做面条，用语言帮助幼儿强化巩固撕面条的动作要领。

三、幼儿练习撕面条，教师个别指导。

1. 教师根据幼儿的操作情况有重点地辅导幼儿撕纸的要领和技能，鼓励幼儿大胆地完成操作，但不强求统一。

2. 鼓励操作完的幼儿用长条状彩色打印纸撕成小碎片做小葱等调料。

四、简单评价，喂娃娃吃面条。

引导幼儿将面条放在小碗里，配上作料请娃娃吃面条。

活动建议

撕纸的活动可以延伸到区域活动中继续进行，幼儿在练习过撕长条纸以后，还可以撕方形、三角形等形状的纸，发展幼儿的小肌肉协调性。作为活动的拓展，能力相对较强的孩子，教师可以提供剪刀，让幼儿剪面条。

主题活动二

水 果 娃 娃

主题活动二
水果娃娃

主题意图

秋天是丰收的季节,红彤彤的苹果、黄澄澄的梨子,各种水果上市了。水果是幼儿每天都会享受的美味,也是他们特别喜欢的食物。每天吃着爸爸妈妈准备好的水果时,他们会知道水果的外衣是什么样的吗?水果核里藏着什么小秘密?水果宝宝的家在哪里?

小班幼儿对周围的一切充满了好奇,这些水果宝宝都是幼儿熟悉和喜欢的事物,"水果娃娃"的秘密等待幼儿去发现,去探索。

在"水果娃娃"的主题活动中,我们从生活中常见的水果出发,引导幼儿观察水果、品尝水果,看一看、闻一闻、摸一摸、听一听、尝一尝,发现自己喜欢的水果是什么,试着用清楚的语言说说自己的发现和想法,并运用水果进行创意造型或趣味联想。让他们从不同角度进一步认识水果、在自主活动的基础上积累和扩展经验,在促进幼儿各种感官发展的同时,我们还希望在活动中让幼儿感受生活的甜蜜和丰收的喜悦,给他们带来对生活的幸福体验。

主题目标

健康:

1. 认识常见的秋季水果,如:苹果、橘子、石榴、柚子、梨子、葡萄等,知道吃水果有利于身体健康。

2. 愿意主动品尝各种水果,喜欢吃水果。

3. 愿意尝试使用餐刀,学习用剥皮、切块的方法吃不同的水果;知道吃水果前要洗手,吃完正确使用小毛巾擦嘴巴。

4. 遇到困难时知道并愿意寻求教师的帮助。

5. 喜欢参加体育锻炼,能自然协调地走和跑。

语言：

1. 愿意倾听老师和同伴的讲话，能听懂老师的简单指令。
2. 愿意用普通话说一说水果的特征，如颜色、形状、手感、味道等。
3. 喜欢看有关水果的绘本，学习一页一页正确翻阅图书。

社会：

1. 知道水果店是卖水果的地方，愿意在成人鼓励下尝试自己选水果和参与买水果。
2. 初步掌握日常生活中的常见礼貌用语，买水果时能使用"你好""谢谢""再见"等词汇。
3. 在日常生活中能主动或在成人的提醒下把果皮扔到垃圾箱中，爱护身边的环境。
4. 认识国旗，知道国歌。

科学：

1. 感知水果的大小、颜色的特征，尝试按大小排序。
2. 能手口一致地点数3以内的水果，并说出总数。
3. 学会用眼睛、鼻子、手、嘴巴等感知水果，能从一些外部特征上区分各种水果，了解各种水果的差别。
4. 在成人帮助下用工具切分水果、榨汁，感受水果的变化。

艺术：

1. 喜欢倾听和水果有关的歌曲，继续学习用自然的声音边演唱边表演动作。
2. 乐意参与音乐游戏，初步理解并遵守音乐游戏的规则。
3. 感知不同水果的色彩造型的美，尝试用涂色、揉搓、粘贴的方法制作"水果"。

主题网络图

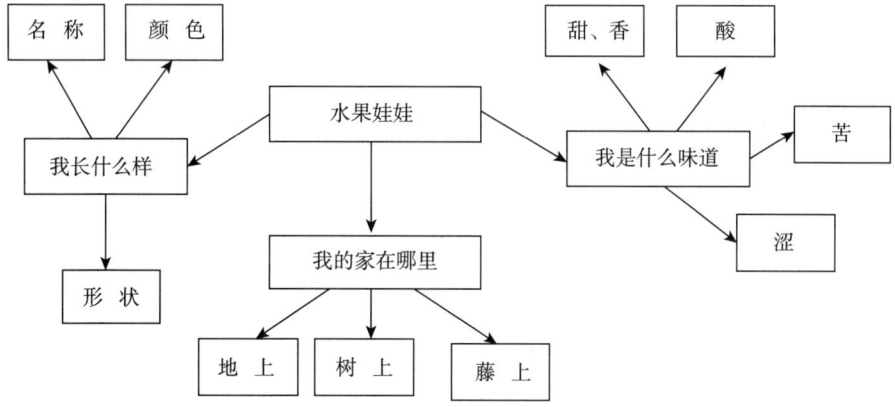

环境创设

1. 根据水果的生长环境在班级创设高、中、低不同层次立体的水果乐园,增加主题的环境氛围,尽量多使用自然物布置环境。(如空中架出葡萄架,中间是橘子树,地上种西瓜等)
2. 搜集各种水果及水果图片(含剖面图),供幼儿进一步对感兴趣的水果观察、探索。
3. 利用各种水果组合制作成各种有趣的动物、人物造型,展现水果的生活趣味性。
4. 提供各种水果拼盘的图片放置在美工区,让幼儿在观察的基础上尝试拼出各种造型。
5. 将幼儿剥出的橘子花布置成橘子树展示在自然角,体现艺术与自然的完美统一。
6. 将幼儿在集体活动、区域活动中的美工作品进行展示,丰富班级的主题环境。

三方互动

教师——在班级中利用环境、区域突出水果主题,让幼儿感受生活的甜蜜和丰收的喜悦;鼓励幼儿学会用眼睛、鼻子、嘴巴、手等多种感官认识、发现水果的特征,获得有关主题的经验;开展各领域丰富的活动,鼓励幼儿大胆表达自己的想法,丰富主题经验。

幼儿——在与水果的多种接触中,学习吃各种水果的方法,进一步了解和认识各种水果;在品尝和表演中增进对水果的情感,更愿意吃各种水果,提高自我服务能力;在艺术表现活动中进行创意造型,发挥想象力和创造力。

家长——配合教师搜集各种水果的实物图片、书籍资料,丰富主题活动资源;注意家庭饮食中的水果搭配,在家给幼儿作表率,各种水果都要吃;外出时,以身作则,将果皮扔到垃圾箱,爱护身边的环境。

特色活动

	活动	活动准备	指导要点	参与幼儿
健康大活动	水果沙拉	各色水果、沙拉酱	知道水果有多种吃法，尝试制作水果沙拉；感受多种水果组合在一起的形式美和色彩美；分享与同伴共同制作的快乐	本班幼儿
安全教育活动	上下楼梯	楼梯	通过富有趣味的游戏和日常生活中的练习，知道上下楼梯时应注意的安全事项	本班幼儿
户外活动	幼儿园的梧桐树	幼儿园的梧桐树	观察梧桐树的外形特点，运用多感官认识大树	分组活动
	躲猫猫	幼儿园的大型玩具	在指定的范围内躲猫猫，能说出自己躲在哪里	分组活动
语言活动	想吃苹果的鼠小弟	绘本《想吃苹果的鼠小弟》或PPT	理解故事内容，模仿绘本里小老鼠的内心语言	本班幼儿
	好饿好饿的毛毛虫	绘本《好饿好饿的毛毛虫》或PPT	增进对绘本阅读的兴趣，仔细观察画面，理解故事内容	本班幼儿
	大声回答"哎"	绘本《大声回答"哎"》或PPT	向小熊学习，老师喊到自己的时候要回答"哎"	本班幼儿
	好饿的小蛇	绘本《好饿的小蛇》或PPT	感受小蛇吃水果的有趣情节，理解动词"吞"	本班幼儿
音乐活动	亲亲	钢琴或成品音乐	用肢体动作表达对朋友的爱	本班幼儿
	拉拉手	钢琴或成品音乐	听音乐按节奏做走和停的动作	本班幼儿
	小动物走	钢琴或成品音乐	模仿小动物的动作，跟随音乐有节奏地走	本班幼儿

区域活动

	活动与指导要点	幼儿发展目标	材料与层次
建构区	活动：通往果园的小路 指导要点：学习平铺延长的本领	将积木一块一块接起来，拼成一条小路	材料：各种形状的积木 层次一：能把积木连接起来，中间可能会有断开； 层次二：能把积木连接起来，但没有什么目的性； 层次三：根据果园的位置，有目的地连接积木，拼成一条小路
生活区	活动：酸酸甜甜的橘子 指导要点：边剥橘子边观察并主动品尝	尝试用正确的方法剥橘子	材料：橘子花图片，橘子，小盘子 层次一：尝试独立剥橘子并品尝； 层次二：能尝试剥出橘子花造型
	活动：水果洗洗吃 指导要点：能独立将水果洗干净、剥皮、品尝，顺序清楚	尝试自己将水果洗干净、剥皮、品尝，遇到困难会向教师求助	材料：苹果、橘子、香蕉、葡萄、猕猴桃若干，小毛巾，盘子 层次一：能独立清洗苹果、橘子、香蕉等水果，对于橘子、香蕉等，能自己剥皮后品尝； 层次二：尝试清洗葡萄、猕猴桃等不太容易清洗和剥皮的水果，有困难愿意向教师求助
	活动：水果沙拉 指导要点：尝试制作水果沙拉并品尝	知道水果有多种吃法，尝试动手制作水果沙拉	材料：各种水果切成小块，塑料水果刀，小碗，沙拉酱 层次一：愿意参加制作活动； 层次二：能在切好的水果中放入适量的沙拉酱，制作水果沙拉并品尝； 层次三：尝试在成人的帮助和指导下使用水果刀切水果，制作沙拉
美工区	活动：水果娃娃 指导要点：在水果图片上粘贴五官，制作水果娃娃	学习用粘贴的方法表现五官	材料：各种水果图片、小眼睛等材料，一个可以挂水果娃娃的藤蔓或其他材料 层次一：能将五官等材料贴在水果图片上； 层次二：能注意五官的摆放位置，将材料贴好； 层次三：能认真细致地完成水果娃娃的粘贴

续表

	活动与指导要点	幼儿发展目标	材料与层次
美工区	活动：一篮水果 指导要点：用油画棒表现各种各样的水果	用线条表现水果的外部特征	材料：各种水果、各色油画棒、一个大的水果篮底图 层次一：愿意用油画棒进行大胆绘画； 层次二：用油画棒基本能表现出水果的某一特征，如颜色、形状； 层次三：能用油画棒表现出水果的主要特征
	活动：橘子花 指导要点：能将橘子皮摆出不同的造型	能创造性地摆放橘子皮，并尝试固定	材料：幼儿在生活区剥出的橘子花，橘子树背景 层次一：在教师提供的背景下用橘子皮摆出花的形状； 层次二：尝试将橘子皮摆出花的形状并用不同材料固定
益智区	活动：送水果回家 指导要点：能够按不同的分类标准给水果分类	尝试按不同标记给水果分类	材料：各种颜色、形状、大小不同的水果图片，颜色、形状、大小标记，分类底板 层次一：能够把相同的水果放在一起； 层次二：能够按照颜色给不同的水果分类； 层次三：能够先给不同的水果分类，再根据自己的分类方法匹配标记
	活动：水果娃娃找朋友 指导要点：提供一些水果的横切面，以及这些水果的图片，让幼儿进行匹配	尝试将水果的图片进行匹配	材料：水果图片和水果的剖面图 层次一：发现水果的外形和切开后的不同； 层次二：寻找水果里面和外面的不同特点，尝试讲述自己的发现
	活动：水果叠叠塔 指导要点：找到与小木板水果图案上对应的水果（葡萄、菠萝、香蕉、草莓等）积木，然后一层一层往上叠	仔细观察，对玩具的颜色、形状、图案进行正确识别	材料：木质水果叠叠塔的玩具 层次一：能找到小木板水果图案上对应的水果，并尝试向上叠高； 层次二：能按照游戏规则将水果叠到三层以上
	活动：装水果 指导要点：按照3以内点卡装相应数量的水果	感受3以内数量关系	材料：分类盒、点卡、水果玩具或水果图卡 层次一：在成人的帮助下按点卡数放水果； 层次二：按序插点卡，独立准确地放水果

续表

	活动与指导要点	幼儿发展目标	材料与层次
探究区	活动：水果袋 指导要点：将不同水果装进不透明的布袋里，通过触摸猜测水果	用手触摸、感知水果的大小、软硬、形状等基本特征	材料：触摸袋一个，苹果、橘子、枣子、柠檬、香蕉等 层次一：用手触摸水果的过程中，能说出水果的至少一个特征； 层次二：用手触摸水果的过程中，能说出水果的两个特征； 层次三：能说出水果的多个特征，并能准确猜测出水果
	活动：捣水果 指导要点：用捣蒜器捣水果，感受水果的变化，品尝果汁，记录感受	仔细观察水果在用捣蒜器舂捣后的变化，品尝果汁，说出感受	材料：捣蒜器，橘子、小西红柿、香蕉、橙子等水果，记录底板、代表酸、甜、苦、辣的标志 层次一：会使用捣蒜器捣水果； 层次二：用捣蒜器把水果捣碎，观察并说出水果的变化； 层次三：品尝果汁、说出感受，用小图片匹配的方法记录感受
	活动：种植大蒜头 指导要点：和老师一起学习种植的基本方法	亲历种植的过程，感受生命的变化	材料：酸奶盒，蒜头若干 层次一：乐意在老师的带领下参与种植活动； 层次二：愿意照顾自己的蒜头宝宝，并经常观察蒜头宝宝的变化
阅读区	活动：我爱阅读 指导要点：提供绘本《好饿好饿的毛毛虫》《我是奇异的水果》《水果的晚会》《好饿的小蛇》《大声回答"哎"》等图书供幼儿阅读	学习一页一页地看图书，发现图书中的有关水果的信息	材料：各类与水果相关的绘本 层次一：愿意在阅读区看图书，在自由阅读中发现色彩的乐趣； 层次二：在教师的提醒下一页一页看书，能将一本书看完后再更换图书； 层次三：能够独立看书，会一页一页看书，主动更换图书
	活动：水果蹲 指导要点：幼儿代表不同的水果，听儿歌，听教师喊到自己对应的水果时蹲下	听信号做相应动作	材料：各种水果挂牌，如苹果、草莓、西瓜、香蕉等 层次一：知道自己是什么水果，在别人的提醒下能做动作； 层次二：喜欢和同伴一起玩游戏，基本能及时做动作

续表

	活动与指导要点	幼儿发展目标	材料与层次
扮演区	活动：水果店 指导要点：布置水果店的情景，幼儿分别扮演顾客和营业员进行买卖	学习用语言与他人沟通，学习基本礼貌用语，如：您好、谢谢、再见！	材料：用柜子等搭建一个水果店场景，将仿真水果按类别进行摆放，提供购物篮 层次一：乐意在水果店里买水果或卖水果； 层次二：用语言与同伴交流，表达自己的意愿，如：我要买××，谢谢等； 层次三：主动与同伴交流，语言流畅、表达清楚

集体教学活动

第一周		第二周	
1.	参观水果店（社会）	1.	苹果（音乐）
2.	买水果（数学）	2.	吃葡萄（健康）
3.	好吃的水果（语言）	3.	一串紫葡萄（美术）
4.	酸酸甜甜的橘子（科学）	4.	水果变变变（科学）
5.	小刺猬运水果（体育）	5.	橘子花（语言）

第三周	
1.	水果宝宝去旅行（语言）
2.	水果品尝会（健康）
3.	水果蹲（语言）
4.	美丽的花草地（美术）
5.	生活模仿动作（音乐）

第一周　活动一　参观水果店（社会）

活动目标

1. 通过参观水果店了解常见水果的外形，知道水果店是卖水果的地方。
2. 尝试通过与营业员交往，学习礼貌地买水果。
3. 外出活动时知道跟紧老师和小朋友，轻拿轻放水果，有初步的集体意识。

活动准备

物质准备：1. 事先做好参观水果店的联系；2. 幼儿准备好零钱和环保袋。

经验准备：幼儿知道一些常见水果的名称。

活动过程

一、激发幼儿参观的积极性，交代参观的内容和要求。

教师：你们爱吃水果吗？平时我们在哪里能买到水果？（水果店）

教师：今天我们就要去水果店参观，大家在路上要注意安全，跟紧老师。到水果店里大家要仔细观察水果，每组还要买一种水果哦。

二、带领幼儿前往幼儿园附近的水果店。

三、幼儿观察水果店的货架，认识水果的外形和名称。

1. 幼儿寻找自己认识的水果。

教师：找一找你认识的水果，说一说它的名字。

2. 向营业员询问不认识的水果名称。

教师：如果有不认识的水果，也可以问一问营业员阿姨。

幼儿分组选择自己喜欢的水果，尝试进行购买。

（1）小组讨论商量购买某一种水果。（可按小朋友平时的座位分组）

教师：每个小组的小朋友商量一下，你们最想买什么水果呢？

幼儿在教师的引导下进行商量讨论，并选出一种想买的水果。

（2）幼儿讨论购买水果的方法。

① 了解购买水果的程序。

教师：我们想买水果，应该怎么买？

通过小组讨论知道买水果要经过了解水果的价格、挑选水果、称重、付钱几个过程。

学习和营业员交流的语言。

教师：可以和营业员阿姨怎么说呢?（××你好，××多少钱？谢谢）

3. 幼儿共同挑选水果。

如果是单个水果，可以组内每名幼儿都挑选一个。如果是成串或者比较大的水果可以集体挑选一个。

4. 幼儿尝试自己与营业员交流，给水果称重、付钱。

五、结束参观活动，向水果店营业员表示感谢。

教师：今天每个小朋友都买到了自己喜欢的水果，回去向你的朋友介绍吧。

活动建议

1. 选择幼儿园附近的水果店参观，可以采用分组的形式，分批带领幼儿进行参观，让幼儿有更多的机会与营业员交流。

2. 参观过程中可以让幼儿重点观察一些不常见的水果的外形，丰富相关的经验。

活动二　买水果（数学）

活动目标

1. 感知3以内的数量，学习根据实物卡或点卡拿取相同数量的实物。
2. 在教师的指导下，知道操作后要将物品归还原处。
3. 乐意参加游戏活动，感受买水果的乐趣。

活动准备

物质准备：

1. 教具："水果店"宣传招牌（上有3的点卡）、玩具蛋糕、玩具蜡烛，小猪、小熊玩偶。
2. 学具：

第一组：小猴吃桃，小猴、桃子卡片、小筐若干；

第二组：刺猬吃枣，刺猬、枣子卡片、小筐若干；

第三组：给过生日的小兔送蜡烛，身上有点子标记的小兔、蜡烛、小筐若干。

经验准备：幼儿已有"几岁就插几根蜡烛"的生活经验。

活动过程

一、情境导入，引发幼儿兴趣，学习按数取物。

1. 教师出示玩具蛋糕和小猪手偶，引出话题。

（1）教师：今天是小猪水果店的周年庆，小猪特别开心。你们看看小猪水果店要过几岁生日啦？（教师边说边出示小猪水果店的宣传招牌，上面有一个大的3的点卡。）

（2）教师：小猪用3个点表示水果店今天3岁了！那你们说一说，应该在蛋糕上插几根蜡烛呢？（3根）

（3）教师请一名幼儿边插蜡烛边数数，给蛋糕插上3根蜡烛。

（4）教师边出示小熊边问：今天有其他小动物也来为小猪的水果店祝贺了，看看是谁？有几只？（2只小熊）小猪要请小熊吃苹果，一只小熊一个苹果，两只小熊要吃几个苹果呢？（教师边说边在小熊的下面放了一个苹果）

教师请一名幼儿共同完成送苹果。

二、操作活动，继续感知3以内的数量。

1. 教师：今天小猪的水果店特别热闹，许多小动物都来庆贺，小猪想请大家来帮忙，请小动物们吃水果。

2. 分组操作。

第一组：猴子吃桃。

教师：仔细看看猴子有几只？请你根据猴子的数量，给小猴送去相同数量的桃子。

第二组：刺猬吃枣。

教师：刺猬有几只？请你根据小刺猬的数量给它送去相同数量的枣子。

第三组：给过生日的小兔送蜡烛。

教师：小兔过几岁生日？请你仔细观察它身上的点子，并且给小兔送去和它身上的点子数量一样多的蜡烛。

3. 幼儿操作，教师指导。

教师：小朋友要一边说一边操作，每组操作后将物品放入篓中。

4. 讲评活动。

（1）通过照片的方式来看看给小动物送的水果数量是否正确。

（2）买水果，进一步感知3以内的数量。

教师出示小猪水果店贴有物卡的水果篮，请幼儿根据水果篮上的物卡买相应数量和种类的水果。进一步巩固对3以内数量的认识。

活动建议

可以在班级开一个水果店，提供贴有点卡的篮子，巩固幼儿3以内数量的点数。

活动三　好吃的水果（语言）

活动目标

1. 能清楚地说出水果的名称，尝试用简单的叠词描述水果。
2. 通过观察图片、分析推理与表达，并学习和模仿新的语言表达方式。
3. 能注意倾听教师和同伴的发言，愿意大胆表达。

活动准备

物质准备：水果图片和水果实物。

经验准备：幼儿知道一些常见水果的名称，对常见水果的口味有所了解。

活动过程

一、教师出示大的水果图片，引导幼儿观察画面的内容。

1. 教师依次将苹果、香蕉、梨子、西瓜、橙子等水果图片的右半边遮挡起来，让幼儿先看左半边的水果。
2. 教师提示幼儿观察画面，说说画面的内容，并纠正幼儿的发音，如"苹果"。

教师：画面上有些什么？

3. 教师：你们喜欢吃这些水果吗？最喜欢吃什么水果啊？

二、教师出示各种水果实物，幼儿观察、感知。

1. 教师分别出示苹果、香蕉、西瓜等水果。
2. 教师：来和水果娃娃打个招呼吧。
3. 教师请幼儿摸一摸、看一看、闻一闻各种水果，并学习用叠词说一说水果是什么样的。

教师：我们来摸一摸、看一看、闻一闻这些水果宝宝，说一说水果宝宝是怎样的。

教师：红红的苹果我们可以用一个好听的词来说，红彤彤的苹果；金色的梨子我们可以说金灿灿的梨子。你们还知道哪些好听的词呢？（香喷喷、甜蜜蜜）

4. 教师引导幼儿共同学习简单的叠词。

教师带领幼儿一起用叠词来说一说水果。红彤彤的苹果、金灿灿的梨子、甜蜜蜜的大枣、香喷喷的瓜……

三、拓展话题，让幼儿说说和水果相关的话题。

1. 教师：你们还知道哪些水果呢？

幼儿边说教师边出示相应的水果图片。

2. 教师：你们有没有亲手摘过水果呢？

3. 教师：你们平常什么时候会吃水果呢？

活动建议

1. 在阅读区提供大的水果图片，供幼儿进行观察和讲述。

2. 在科学区可以提供水果摸袋，让幼儿摸一摸、猜一猜、说一说各种水果。

3. 根据幼儿的谈话内容，编一些简单的谜语，在过渡环节让幼儿猜谜语。

活动四　酸酸甜甜的橘子（科学）

活动目标

1. 运用多种感官感知橘子，认识橘子。

2. 初步学习剥橘子的方法，愿意自己动手尝试。

3. 能大胆地在集体面前，用语言表达自己的想法。

活动准备

物质准备：1. 橘子（数量超过幼儿总人数）；2. 苹果皮、梨子皮、橘子皮、香蕉皮；3. 幼儿常见的水果（如：苹果、香蕉、橘子、荔枝等）；4. 布袋一个；5. 水果图片若干。

经验准备：幼儿平常吃过橘子。

活动过程

一、游戏：给水果娃娃配衣服。

1. 幼儿观察果皮，猜测水果名称。

2. 教师：橘子宝宝很调皮，他今天来和我们一起玩游戏了。这里有几件水果娃娃的衣服？哪个是橘子宝宝的呢？其他的又是什么水果宝宝的衣服呢？（橙色是橘子的，长长的是香蕉的，红色是苹果的，黄色是梨子的）

二、游戏：神奇的水果袋。

1. 教师（出示水果袋）：橘子宝宝究竟在哪里呢？我这里有一个神奇的水果袋，袋子里面有许多水果娃娃，如果让你摸一摸，你能找出橘子宝宝吗？

2. 教师请幼儿说一说橘子摸起来是什么样子的。（形状和软硬程度）

3. 教师请个别幼儿上来摸，找一找橘子，再摸出来给大家看一看，进行验证。

教师请多名幼儿来摸橘子，把水果袋里面的橘子都找出来。

三、学习剥橘子皮,感受橘子的内部结构。

1. 教师:秋天到了,橘子成熟了,我们一起来品尝橘子吧!怎么品尝呢?

教师引导幼儿说一说剥橘子的方法。

2. 教师通过儿歌引导幼儿学习剥橘子的方法。

教师:找到小肚脐,挖个小洞洞,脱下小外衣,一片、两片、三片……

3. 幼儿尝试自己剥橘子,教师引导幼儿观察橘子的内部结构。

教师注意提醒幼儿剥橘子时注意将橘子皮放进指定的垃圾盘。

4. 幼儿品尝橘子,说一说橘子的味道。(酸酸甜甜的)

5. 师幼小结:橘子有营养,吃橘子可以补充维生素,让小朋友长高、长结实,但是橘子皮不能乱丢,要放在垃圾桶里。

活动建议

放入水果袋的水果应选择外形上有明显特征区别且幼儿熟悉的水果。

活动五 小刺猬运水果(体育)

活动目标

1. 练习手膝着地爬,锻炼四肢运动的协调性。
2. 通过模仿练习、参与游戏,增强四肢力量。
3. 喜欢和小朋友一起游戏,并能避让其他小朋友。

活动准备

物质准备:1. 各种仿生水果若干(4倍于幼儿人数)、小篮子4个;2. 音乐一段、录音机等。

经验准备:晨间锻炼中幼儿有过爬行练习。

活动过程

一、开始部分

1. 教师:今天我们一起来学做小刺猬,像刺猬那样学本领。

2. 在教师的言语提示下,幼儿听着音乐做模范操。

教师:蹲下睡一觉,起床伸懒腰,洗脸笑一笑,转身做做操。走个圆圈找一找,找到朋友笑一笑。

二、基本部分

1. 创设情境，让幼儿自由爬行。

教师：刺猬宝宝们，我们到草地上去做游戏吧。

幼儿自由地向四处爬行，教师引导幼儿抬头向前看，避让其他"刺猬"。

2. 教师：刺猬宝宝肚子饿了吧，我们快去摘水果吃吧。

幼儿自由地爬过"小上坡"和"山洞"，来到"水果园"。

教师提醒幼儿爬的过程中做到手和膝盖着地爬行。

3. 幼儿练习向指定方向爬行。

教师请个别幼儿示范抬头快速向指定方向爬行，提醒其他幼儿依次观察同伴的头和手的动作。

全体幼儿向刺猬妈妈（教师）所在的位置爬行，练习抬头快速爬。教师可由固定站位变成移动站位，鼓励幼儿抬头寻找"刺猬妈妈"。

4. 练习向指定的方向爬行。

教师：秋天到了，果园里的水果成熟了，我们要一起去摘水果，看谁不碰别人还爬得快。

提醒幼儿爬时要抬头看前方，注意避让其他"刺猬"。

教师介绍游戏玩法：你们看看水果园里有哪些水果，看谁不碰别人还爬得快。

5. 幼儿来回搬运水果，教师巡回指导，并提醒幼儿不要相互碰撞。

三、结束部分

教师小结游戏，引导幼儿体会共同劳动的欢乐。

活动建议

1. 如果爬的场地比较粗糙，可以给幼儿提供人手一副手套和护膝等物品。

2. 在户外活动中，鼓励幼儿在草地上玩此游戏。在晨间锻炼时也可以提供各种山洞让幼儿爬行。

第二周　活动一　苹果（音乐）

活动目标

1. 学习用自然的声音边演唱边表演动作。

2. 借助对秋天果实的认知经验，尝试用工整替换的方式创编歌词。

3. 愿意参加歌表演活动。

活动准备

物质准备：红苹果等常见的水果图片。

经验准备：1. 了解常见的秋季水果的颜色特征；2. 幼儿已听过该歌曲的旋律。

活动过程

一、复习律动《小动物走》。

幼儿听音乐完整模仿小动物的动作，跟着节奏走。

二、故事导入，帮助幼儿了解歌词。

1. 教师讲述故事。

教师：小动物来到草地上，草地上有一棵树，树上有许多红红的苹果，一个一个地摘下来，我们喜欢吃苹果，身体健康多快活。

2. 教师演唱歌曲，帮助幼儿理解歌词内容。

教师：请大家听一听歌里是怎么唱的。

三、幼儿学唱歌曲。

1. 教师和幼儿一起随旋律哼唱歌曲。

教师：请大家和我一起来唱。

2. 教师组织幼儿围绕歌词内容进行简单谈话，帮助幼儿理解歌词内容。

教师：树上有许多红苹果，是怎么摘下来的？（引导幼儿说出一个一个）

教师：我们为什么喜欢吃苹果呢？（引导幼儿说出多吃苹果，健康又快乐）

教师：这次可以让声音再大些再好听些吗？

3. 幼儿尝试根据歌词表演简单的动作。

教师：接下来让我们边唱边做动作，我们可以怎样摘苹果呢？"喜欢吃苹果，身体健康多快活"可以做什么动作呢？

4. 幼儿创编动作，随乐表演。

四、幼儿借助对秋天果实的认知经验，尝试用工整替换的方式创编歌词。

1. 调动幼儿对水果的认知经验替换歌词，进行创编。

教师：你还吃过什么水果？是什么颜色的？（教师出示幼儿说出的水果卡片）

2. 幼儿尝试替换演唱。

教师：我们一起试着把创编的歌词唱出来。

3. 幼儿自由创编新水果进行演唱。

五、幼儿表演歌曲

1. 教师：我们一起去果园里摘水果吧！小篮子可以怎么拿？

2. 幼儿在教师的带领下表演歌曲《苹果》(或其他水果)

3. 播放一段欢快的音乐，幼儿自由舞蹈，庆祝采摘了丰盛的水果。

活动延伸

1. 在美工区开展"给水果宝宝涂颜色"的活动,巩固对水果色彩的认知。
2. 表演区让幼儿随音乐进行表演唱。

附:苹果

1=C 4/4

| 5 5 3 6 | 5 5 3 - | 1 3 5 3 | 2 2 1 - |
树 上 许 多 红 苹 果, 一 个 一 个 摘 下 来,

| 5 5 3 6 | 5 5 3 - | 1 3 5 3 | 2 2 1 - ‖
我 们 喜 欢 吃 苹 果, 身 体 健 康 多 快 活。

活动二 吃葡萄(健康)

活动目标

1. 知道葡萄的味道是酸酸甜甜的,愿意吃葡萄。
2. 能参加交流、讨论并观看视频,初步了解葡萄的营养价值。
3. 乐意品尝葡萄,知道要洗净、剥皮、吐籽。

活动准备

物质准备:1. 洗净的葡萄;2. 擦手毛巾;3. 葡萄干;4. 牙签;5. 空盘子。

经验准备:认识并吃过葡萄。

活动过程

一、品尝葡萄干,导入葡萄话题。

教师:今天老师要请小朋友们尝一样好吃的东西。你尝尝这是什么?(葡萄干)它是一种

水果吗？是用什么水果做的？（葡萄）

二、启发幼儿讨论葡萄的食用方法和营养价值。

1. 讨论葡萄的味道。

教师：你们吃过葡萄吗？葡萄是什么味道的？

2. 品尝葡萄，知道要将葡萄洗干净才能吃。

教师：今天老师带来了一串葡萄，我们一起来品尝吧。（教师边说边出示一串没有清洗的葡萄）这样可以直接吃吗？

教师：刚买回来的葡萄（水果）一定要洗干净后才能吃，不然会生病的。（出示洗葡萄的照片）

3. 教师一边将葡萄从串上剪下来，一边引导幼儿观察每一粒葡萄是长在哪里的。

教师将洗净的葡萄一颗颗摘下来，请幼儿观察。

教师：葡萄摘下来之后，还剩下什么？

4. 讨论吃葡萄的方法。

（1）教师：你是怎么吃葡萄的呢？幼儿边讨论边品尝葡萄。

（2）小结：小朋友吃葡萄最好将皮和籽吐出来，因为葡萄皮上会残留一些农药，吃进肚子里会危害健康，葡萄籽太硬了，吃进肚子里也不容易消化。

三、品尝葡萄干等用葡萄制成的食品，拓展经验。

1. 品尝葡萄、葡萄干、葡萄干饼干，拓展经验。

2. 小结：葡萄很有营养，有助于我们消化还能缓解疲劳，葡萄还可以制作成葡萄干、葡萄酒，丰富我们的餐桌。美味的葡萄干可以让饼干更香甜更美味。

活动建议

可以在生活区提供葡萄，让幼儿自己剥皮然后品尝，还可以提供一些葡萄的制品供幼儿观察和品尝。但要注意提醒幼儿不要吃太多。

活动三 一串紫葡萄（艺术）

活动目标

1. 学习粘贴的方法，尝试用半成品粘贴的方法制作一串葡萄。
2. 通过观察、讨论，知道要将葡萄一个接一个粘成一串。
3. 喜欢粘贴活动，体验做成一串葡萄的成功感。

活动准备

物质准备：1. 每组两盒剪好的紫色小圆纸片；2. 两盒糨糊；3. 两块湿抹布；4. 每位幼儿一张葡萄藤底图。

经验准备：吃过葡萄，见过一串葡萄。

活动过程

一、导入活动，引起幼儿的兴趣。

1. 教师：今天，老师给小朋友带来了一样水果，大家看看是什么？（葡萄）

2. 幼儿观察葡萄的颜色、外形和每颗葡萄的排列。

教师：葡萄是什么颜色的？是什么形状的？一颗颗葡萄长在哪里？

总结：葡萄是紫色的，圆圆的，一串串的，每一串葡萄都长在藤上，每一颗葡萄都长在梗上。

二、幼儿通过观察学习粘贴技能。

1. 幼儿观察粘贴的材料，讨论粘贴的方法。

2. 教师示范讲解粘贴的方法和要点。

（1）贴之前，先要把小圆纸片紫颜色的一面朝下，放在桌子上，把白的一面朝上。

（2）用右手的中指蘸一点糨糊，从小圆纸片的中心逐渐向外抹糨糊，一次不能抹得太多，要摸得均匀，抹完后，用抹布把手指擦干净。

（3）用大拇指和食指把它拿起来，贴在图画纸上画好梗的地方。贴的时候要把紫颜色的一面朝上，贴好，用食指把纸抹平。一颗葡萄就贴好了。

三、幼儿尝试粘贴葡萄。

1. 交代要求，幼儿操作，教师巡回指导。

教师：现在，请小朋友们也来贴一串葡萄。每个小朋友面前都有一张图纸，上面画好了葡萄的梗，桌子上的小盒子里有许多紫颜色的小圆纸片，这就是葡萄。看哪位小朋友能贴成满满的一大串葡萄。

2. 幼儿操作，教师指导。

重点注意提醒幼儿：（1）糨糊要均匀抹在小圆纸片白的一面；（2）葡萄要靠梗贴，紫色朝上；（3）纸片要抹平。

四、展示幼儿作品，教师总结评价。

1. 幼儿观察同伴的作品，重点观察葡萄粘贴的位置，发现问题。

2. 幼儿品尝葡萄。

活动建议

把美工区布置成葡萄架，幼儿可以用皱纹纸先搓成小圆再粘贴在葡萄梗上，巩固粘贴的技能，美化班级环境。

活动四 水果变变变（科学）

活动目标

1. 通过自己动手制作水果汁，运用多感官感知橘子、西瓜的外形、果肉、味道等特征，进一步丰富关于水果的经验。
2. 尝试用语言、动作表达自己的猜想和发现，体验劳动中探索的乐趣。
3. 体验探索和操作的乐趣。

活动准备

物质准备：1. 各种水果若干；2. 榨好的橘子汁、西瓜汁各一杯；3. 透明杯子若干，毛巾人手一条，塑料刀、盘子若干；4. 榨汁机一台；5. 制作果汁的步骤图；6. "水果制品"PPT（水果还可以制作成各种食物，如菠萝饭、果汁糖、水果派等）。

经验准备：幼儿已对各种水果有了初步的了解。

活动过程

一、情境活动"水果变果汁"，引起幼儿参与活动的兴趣。

1. 出示各种各样的水果，唤起幼儿的已有经验。

教师：这些是什么？你最喜欢哪种水果？它是什么样子的？

教师：你吃过吗？它是什么味道的？

2. "魔术——水果变果汁"。

教师出示橘子汁和西瓜汁，幼儿根据已有经验进行猜测。

教师：猜一猜这是用什么水果变成的果汁？你是怎么知道的？

二、猜想、讨论水果变成水果汁的过程。

1. 教师：猜一猜这些水果是怎样变成水果汁的？需要用到哪些工具呢？
2. 师幼共同猜测、讨论制作水果汁的步骤，并出示步骤图。
3. 教师：我们一起来试一试用水果制作水果汁吧！

三、在教师的帮助下尝试给水果去皮、切块，制作水果汁。

1. 幼儿自由分组，在教师的指导下尝试将水果去皮、切块、分瓣等。
2. 教师个别指导，鼓励幼儿交流操作过程中的感受。
3. 集体讨论操作的感受。

教师：你在剥皮、切水果的时候有什么发现？

教师：你看到了什么？闻到了什么味道？

4. 师幼共同观察切块的水果进入榨汁机变成水果汁的过程。

5. 小结：将水果洗净、去皮、切块然后放入榨汁机中搅拌，水果汁就榨出来了。

四、品尝水果汁，扩展经验。

1. 教师：小朋友自己动手把水果变成了美味的水果汁，赶快品尝水果汁吧。

2. 观看 PPT，扩展经验。

教师：水果除了能变成水果汁，还可以变成什么？一起来看看。

活动建议

在健康区中可提供各种适合制作水果汁的水果，在教师的指导下，幼儿尝试制作各种水果汁。

活动五　橘子花（语言）

活动目标

1. 欣赏散文《橘子花》，初步了解散文的内容。
2. 在做做玩玩中，初步感受和体验散文中展示的语言美和快乐的情绪。
3. 学习剥完整的橘子花，并和同伴一起布置环境。

活动准备

物质准备：1. 橘子若干；2. 自制背景大树；3. 舒缓的音乐。

经验准备：幼儿自己剥橘子的经验。

活动过程

一、和孩子一起剥橘子花，引发幼儿欣赏散文的兴趣。

1. 教师出示一朵做好的橘子花，请幼儿猜测是什么，像什么，是用什么做的。

2. 师幼共同制作橘子花，在做的过程中引导幼儿闻一闻、摸一摸、尝一尝，说出自己的感受。

教师：闻一闻橘子花，闻起来怎么样？（清香）

教师：摸一摸橘子花，感觉怎么样？（软软的）

教师：每人拿一个橘瓣，尝一尝，味道怎么样？（又酸又甜）

（可以请幼儿先与身边的同伴说说，再请几名幼儿在集体中大声说出自己的感受）

二、欣赏散文，感受作品的语言美。

1. 教师配乐朗诵散文，幼儿欣赏散文。

教师：有一首好听的散文，也描写了美丽的橘子花，我们一起来听一听。

教师：散文的名字是什么？散文哪里最好听？

2. 教师手托橘子花，配以体态动作，再次朗诵后请小朋友讨论。

教师：散文中的橘子是什么颜色的？（金黄的）

教师：橘子脱下金黄的外衣，橘瓣就会怎么样？（害羞，紧紧地抱在一起）

教师：闻一闻橘子花，怎么样？（一股清香扑面而来）

教师：摸一摸橘子花，感觉怎么样？（软软的，像小姑娘的手）

教师：尝一尝橘瓣，味道怎么样？（又酸又甜）

3. 教师与幼儿手托橘子花，共同倾听散文录音。

教师：你喜欢《橘子花》这篇散文吗？为什么？

幼儿大胆表达自己的想法，教师提醒其他幼儿注意倾听。

三、师幼共同制作橘子花树，体验散文中展示的语言美和快乐的情感。

教师：我们一起把做好的橘子花放到大树上，变出一棵美丽的橘子花树吧！

幼儿与教师一起将自己制作的橘子花挂到背景大树上。

活动延伸

1. 将活动延伸到美工区，鼓励幼儿自己动手做不同造型的橘子花。
2. 生活活动中，每一次吃橘子都可以让橘子变成不同的造型。

附：

橘子花

金黄的橘子圆圆的，像只小灯笼。

给橘子脱下金黄外衣，桔瓣紧紧地抱在一起。把金黄的外衣放在小手上，它就变成了一朵美丽的橘子花。

摸一摸这朵橘子花，软软的；闻一闻这朵橘子花："啊！好香啊！"

我喜欢橘子花。

第三周　活动一　水果宝宝去旅行（语言）

活动目标

1. 理解儿歌内容，能配合动作进行朗诵，体验在游戏中学习儿歌的快乐。
2. 乐于尝试仿编儿歌。
3. 体验与同伴共同进行语言游戏的乐趣。

活动准备

物质准备：1.《开火车》音乐；2. 水果图片若干；3. 西瓜爷爷图片；4. 火车图片。

经验准备：幼儿对水果的名称较为熟悉。

活动过程

一、以游戏的方式进入情境，熟悉儿歌内容。

1.《开火车》音乐响起，西瓜爷爷开火车来了。

教师：听！这是什么声音？谁开过来了？（教师边说边出示火车）

教师：原来是西瓜爷爷开着火车准备去旅行啦，我们和西瓜爷爷打声招呼吧。（西瓜爷爷，你好！）

2. 师幼互动，对儿歌内容有所了解。

教师边说边有节奏地拍手："西瓜爷爷开火车，咔嚓咔嚓去旅行。"

教师：谁知道旅行是什么意思？咔嚓咔嚓又是什么声音？（开火车的声音）

二、理解儿歌的内容。

1. 教师出示水果图片，帮助幼儿熟悉儿歌内容。

教师：苹果宝宝也想去旅行，我们一起来听一听儿歌里是怎么说的。"苹果苹果上火车，咔嚓咔嚓去旅行。"

2. 教师继续逐一出示香蕉、葡萄的图片，幼儿用儿歌里的句子说一说。

3. 教师：又是哪个水果宝宝呢？谁会用刚刚好听的话来说一说？

三、完整欣赏，学念儿歌。

1. 教师：西瓜爷爷请了这么多的小客人去旅行，它可高兴了，它一高兴就给我们念了一首好听的儿歌，儿歌的名字叫《水果宝宝去旅行》。

2. 教师念儿歌。

3. 幼儿扮演水果宝宝，学念儿歌。

游戏玩法：幼儿扮演水果，佩戴苹果、香蕉、葡萄的胸饰，西瓜爷爷走到谁的面前，谁就念"××××上火车,咔嚓咔嚓去旅行"。

四、尝试仿编儿歌

1. 迁移已有的水果名称的经验,进行仿编。

教师：西瓜爷爷还想邀请更多的水果朋友上它的火车去旅行,你还知道什么水果?可以怎么说呢?

幼儿大胆表达自己的想法,进行仿编。

2. 游戏：水果宝宝去旅行。

玩法：教师扮演西瓜爷爷,幼儿自由选择水果,西瓜爷爷邀请水果宝宝上火车,走到谁的面前,谁就要用儿歌里的句子说一说,接着上火车。

3. 师幼共同游戏。

活动建议

在活动中考虑到幼儿的不同发展水平,可提供一些其他水果的图片供幼儿选择,这样可以降低认知难度,使游戏变得更有趣。

附：儿歌

水果宝宝去旅行

西瓜爷爷开火车,咔嚓咔嚓去旅行。

苹果苹果上火车,咔嚓咔嚓去旅行。

香蕉香蕉上火车,咔嚓咔嚓去旅行。

葡萄葡萄上火车,咔嚓咔嚓去旅行。

咔嚓咔嚓,水果宝宝去旅行。

活动二 水果品尝会（健康）

活动目标

1. 了解水果沙拉的制作方法,和老师一起亲手制作水果沙拉。

2. 主动给水果剥皮,尝试使用西餐刀切香蕉。

3. 愿意与人交流对水果的认知经验,知道水果营养丰富。

活动准备

物质准备：1. 提供橘子、香蕉、西瓜、苹果、橙子等水果，有的已经做了切块处理，并按组进行摆放；2. 酸奶一罐，西餐刀若干，拌水果沙拉的碗若干；3. 各种水果制作的美食图片。

经验准备：认识基本的水果。

活动过程

一、教师以水果姐姐的口吻导入活动。

1. 教师：水果姐姐今天给你们带来了很多水果。

2. 教师向幼儿出示各种水果。

二、讨论水果的各种吃法。

1. 教师：水果除了洗干净直接吃以外，还有哪些吃法呢？

2. 教师借助图片丰富幼儿的经验。

3. 教师从幼儿的讨论中引出话题：水果沙拉。

三、借助实物，了解水果沙拉的做法。

1. 讨论水果沙拉的做法。

教师：你们吃过水果沙拉吗？水果沙拉是什么样的？你们猜猜水果沙拉是怎么做的？

2. 教师借助准备好的材料示范水果沙拉的做法。

教师：要做水果沙拉，首先要准备好各种水果、沙拉、碗和勺子，然后要把准备好的水果清洗干净、变小（有的可以用手剥，有的则要用刀来切）。

3. 通过讨论和演示，了解西餐刀的用法和注意事项。

教师：西餐刀没有爸爸妈妈平时切菜用的刀那么锋利，但是也要注意使用安全的。拿的时候要抓住刀柄，用刀刃来切水果。记住千万不能对着别人，不用的时候要放回原处。（教师一边说一边演示）

四、师幼共同制作水果沙拉。

1. 幼儿自选小组内的水果，将水果处理好之后放进小碗里。

教师鼓励幼儿自己动手剥皮、将水果切块，教师关注使用西餐刀切香蕉的幼儿，提醒其注意安全。

2. 幼儿用酸奶拌水果。

教师鼓励幼儿之间相互学习，将水果沙拉搅拌均匀。

五、品尝水果沙拉，感受劳动的喜悦。

幼儿一起品尝制作的水果沙拉，相互说一说味道。

活动建议

1. 将活动延伸到生活区，幼儿在生活区做水果沙拉，并尝试清理桌面。

2. 将幼儿制作水果沙拉的情况反馈给家长，回家之后可以亲子制作水果美食。

活动三 水果蹲（语言）

活动目标

1. 学习听口令玩游戏，听到与自己相应的信号时做动作。
2. 记住自己的水果身份，及时做出蹲的动作。
3. 遵守游戏规则，感受与同伴合作的快乐。

活动准备

物质准备：画有各种水果（苹果、橘子、香蕉、草莓等）的挂牌。

经验准备：幼儿熟悉各种水果。

活动过程

一、演唱《苹果》，导入活动。

幼儿演唱歌曲《苹果》，并创编演唱《橘子》《香蕉》《草莓》《西瓜》(水果的种类与事先准备的水果图片相对应)

幼儿边演唱，教师边出示相应水果图片。

二、邀请几个幼儿挂各种水果的挂牌，扮演各种水果。

教师：水果宝宝来了，你们愿意和他们做朋友吗？

三、水果宝宝做游戏。

1. 教师：水果宝宝们要玩游戏了，你们要仔细听哦！
2. 教师念游戏儿歌：苹果蹲，苹果蹲，苹果蹲完橘子蹲。
3. 教师：儿歌里说到了什么水果，他们在做什么动作？（苹果，蹲，橘子，蹲）
4. 教师：哪个水果宝宝先蹲，哪个水果宝宝后蹲呢？
5. 尝试第一次玩游戏"水果蹲"。

教师：我们一起来试一试，说到谁蹲，谁就要蹲下来。

教师语速较慢地念儿歌，开始时还可以用动作进行提醒，之后逐渐取消动作提醒并适当加快速度。

四、大家一起玩游戏。

1. 幼儿选一个水果挂牌挂好，扮演相应的水果。
2. 教师：请相同的水果宝宝站在一起，当说到你们蹲的时候大家都要蹲下来。
3. 尝试集体玩游戏"水果蹲"。

开始时幼儿的反应会有一点慢，教师注意速度和动作提醒，配班教师可以参与到游戏中，扮演某一种水果。

教师念儿歌：苹果蹲，苹果蹲，苹果蹲完橘子蹲；橘子蹲，橘子蹲，橘子蹲完香蕉蹲……

4. 游戏多次后，尝试请幼儿接着说哪一种水果蹲。

五、幼儿分组玩游戏。

1. 将幼儿分成若干小组，每一个小组里每一种水果只有一个。

2. 幼儿分组玩游戏，一开始教师可以统一念儿歌，然后请幼儿分小组自主进行游戏。

六、拓展游戏。

教师：水果宝宝除了做蹲的动作，还可以做什么动作呢？（跳……）

活动建议

将活动延伸到游戏区，幼儿自己挂牌玩游戏，水果还可以换成动物、蔬菜等。

活动四　美丽的花草地（美术）

活动目标

1. 感受春天花草地上春花烂漫、生机勃勃的景象。
2. 探索用手指不同部位点画的方法表现色彩丰富的花草地。
3. 愿意大胆地表达自己的感受，体验在音乐中作画的乐趣。

活动准备

物质准备：1. 花草地图片 2 幅；2. 吴冠中的作品《花草地》2 幅；3. 水粉颜料，正方形黑色卡纸人手一张；4. 音乐 Until the last moment。

经验准备：观察过幼儿园内或公园的花草。

活动过程

一、谈话导入，引起幼儿对花草地的回忆。

教师：你见过春天的草地吗？草地上会有什么？小花是什么颜色的？

教师：看到一大片花草地时，你有什么感觉？"

二、欣赏花草地图片及吴冠中作品，感受画面丰富的色彩及作品所传达的意境。

1. 欣赏花草地图片，感受花草地色彩的丰富。

教师：这片花草地美吗？哪里让你觉得美？有哪些你认识的颜色？

教师：近处的花看起来怎么样？远处的呢？

2. 欣赏吴冠中作品，感受作品的色彩、布局以及所传达的意境。

教师出示作品1：在花草地上你看到了什么？它们是怎样的？

教师出示作品2：走近点看看，在密密的花草地中你还发现了什么？（大点点、小点点、小短线）

小结：春天里，在一片绿油油的草地上，盛开着五颜六色的花儿，花儿草儿你挨着我，我挨着你，热热闹闹真开心，一阵春风吹过，花儿草儿跳起欢快的舞蹈，轻轻地告诉你，春天来了多么美！

三、探索用手指点画表现热闹的花草地的方法。

1. 播放背景音乐，引导幼儿多通道感受。

教师：你听，它们在干什么？让你的手指变成小花小草，跟着音乐在身体上跳舞吧！

2. 师幼共同探索点画的方法。

教师请个别幼儿尝试示范。

教师：小花小草也想穿上漂亮的衣服跳到纸上变成一幅美丽的花草地，谁想来试试？

教师引发幼儿感受用指尖、指腹、侧指点画所表现出的不同效果。

四、幼儿自由创作表现花草地，教师巡回指导。

1. 鼓励幼儿用手指蘸颜料大胆表现小花小草，教师给予个别幼儿以指导。

2. 提醒幼儿换色时用抹布把手指擦干净，尽量不混色。

五、展示、欣赏作品。

1. 将幼儿的作品展览在一起，形成一幅大作品，带给幼儿视觉震撼。

2. 引导幼儿欣赏、讨论：你们喜欢这一大片花草地吗？它给你带来什么感受？

3. 幼儿跟着音乐在作品前自由舞蹈。

活动五　生活模仿动作（音乐）

活动目标

1. 倾听音乐，初步学习按照音乐的节奏一拍一下地做生活模仿动作。

2. 迁移生活经验，创编不同的生活模仿动作。

3. 愿意参与简单的动作创编活动，能接纳同伴的创编内容，与同伴一起快乐游戏。

活动准备

物质准备：幼儿生活中常见动作图片和物品。

经验准备：幼儿听过音乐旋律。

活动过程

一、复习歌曲《亲亲》。

教师鼓励幼儿一起参与歌曲演唱。

二、教师通过小朋友的一日生活，调动幼儿的已有经验。

1. 教师：丁零零，丁零零，闹铃响了，小朋友要起床啦！

2. 教师：起床之后我们要做些什么呢？

教师借助图片帮助幼儿梳理出各种生活场景。（刷牙、洗脸、梳头、吃早饭等）

3. 师幼讨论洗脸的动作。

教师：先来洗个脸吧。（教师出示一条毛巾）

教师：我们怎么洗脸呢？

幼儿创编洗脸的动作。

4. 教师哼唱乐曲，带领幼儿练习一拍一下地做洗脸的动作。

5. 师幼共同听音乐做洗脸的动作，教师用体态动作提示幼儿一拍一下地做动作。

三、师幼共同创编其他生活模仿动作。

1. 教师引导幼儿迁移其他生活经验。

教师一边点指刚才出示的图一边提问。

教师：我们也来用动作表现一下这些事情吧，谁来做一做？

2. 教师引导全班幼儿为创编者鼓掌，鼓励幼儿创造性地表现，并引导幼儿一起来学一学他的动作。

3. 师幼共同整理创编出的动作。

教师：刚才我们做了哪些动作？我们按照起床后的顺序再来说一说、做一做。

教师边说边把图片的顺序排列好。

4. 教师哼唱乐曲，幼儿跟着教师一起完整地做动作。

四、跟着音乐做游戏。

活动建议

在日常生活的过渡环节可以带领幼儿玩音乐游戏，也可以创编更多的动作跟着音乐节奏做动作。

附：生活模仿动作

1=C 2/4　　　　　　　　　　　　　　　　　　佚 名 词曲

5 53 5 53 | 5 1 1 3 | 2321 2123 | 5 5 5 |

5 53 5 53 | 5 1 1 3 | 2321 2532 | 1 1 1 ||

备选活动　活动一　秋妈妈与果娃娃（语言）

活动目标

1. 学习有节奏地朗诵儿歌，发准"生""装"等的字音。
2. 通过倾听和参与表演，感知、理解和记忆儿歌的内容。
3. 感受秋季丰收的喜悦。

活动准备

物质准备：1. 苹果、梨子、香蕉、石榴、葡萄等水果实物或图片；2. 金黄色的披风一件。

经验准备：知道秋天有各种水果。

活动过程

一、导入活动，激发幼儿的学习兴趣。

教师扮演秋妈妈，幼儿猜测秋妈妈肚子里有什么。

教师：孩子们，我是秋妈妈，你们知道我的肚子里有什么呢？（有许多水果）

二、幼儿学习诗歌，理解诗歌内容。

1. 幼儿倾听教师有感情地朗诵诗歌，初步了解诗歌内容。
2. 幼儿回忆诗歌内容。

教师：你听到秋妈妈生下了哪些果娃娃？（苹果、梨子、香蕉、石榴、葡萄等）

3. 教师再次朗诵诗歌，边念边出示相应的苹果、梨子、香蕉、石榴、葡萄等水果的图片。
4. 幼儿理解儿歌并练习发准字音。

教师：秋妈妈肚皮大，她要干什么呢？（生下果娃娃，重点发准"生"的字音）

教师：这么多果娃娃能装得下吗？（装不下，重点发准"装"的字音）

三、幼儿边玩游戏边朗诵儿歌。

1. 幼儿尝试有节奏地念儿歌。

2. 个别幼儿尝试念儿歌。鼓励幼儿不怕出错，大胆地念儿歌。

3. 幼儿分别选择自己喜欢的角色进行扮演，边玩游戏边念儿歌。

游戏玩法：扮演"水果"的幼儿藏在教师的披风里，扮演"盘子"的幼儿围成一个大圆圈。教师带领幼儿一边朗诵一边做游戏，念到"苹果、梨子和香蕉，还有石榴和葡萄"时，扮演水果的幼儿一个个从教师的大披风里钻出来。

4. 幼儿交换角色进行表演。

活动建议

1. 在表演区提供水果图片和秋妈妈的服饰让幼儿进行游戏。

2. 结合主题活动在班级开展"水果店"的游戏。

附：儿歌

秋妈妈与果娃娃

秋妈妈肚皮大呀，生下许多果娃娃呀。苹果、梨子和香蕉，还有石榴和葡萄。哎呀呀，哎呀呀，装呀装不下。哎呀呀，哎呀呀，装呀装不下。

活动二　香甜的水果（科学）

活动目标

1. 能说出常见水果的名称，尝试分辨各种水果的味道。愿意讲出自己的发现。

2. 能根据一个水果的部分特征判断出是哪种水果。

3. 愿意与人交流对水果的认知经验，知道水果营养丰富。

活动准备

物质准备：1. 橙子、西瓜、猕猴桃的正面图和剖面图；2. 水果拼盘：苹果、香蕉、菠萝、猕猴桃。

经验准备：认识各种水果，并对不同水果的口味有所了解。

活动过程

一、教师以水果姐姐的口吻导入活动。

教师：小朋友，你们好！我是水果姐姐。秋天到了，我给你们带来了很多水果，你们喜欢吃水果吗？你们最喜欢吃什么水果？

二、游戏：水果变变变。

1. 教师出示几种水果的剖面图，请幼儿猜测是什么水果。

教师：水果姐姐给我们小朋友带来了很多好吃的水果。可是今天带来的这几种水果有点不一样，请你们看看能不能认出他们？

2. 幼儿将水果的剖面图一一匹配。

教师：你们能看出来这些水果为什么是这样的吗？（是水果切开后的样子）

教师：你们能不能帮它找到好朋友？

3. 幼儿讲述水果的外形和切开后的样子。

教师：谁来说说西瓜是什么样的，切开后的西瓜又是什么样的？橙子呢？猕猴桃呢？

三、请幼儿品尝水果，猜猜是什么水果。

1. 幼儿品尝香甜的水果。

教师：这些水果的味道怎么样？好不好？让我们来尝一尝。

2. 幼儿自由选择一块水果，品尝味道。

教师：你能说出你吃的是什么吗？是什么味道的？

3. 将水果拼盘盖起来，请一个小朋友闭眼品尝，并猜一猜吃到的是什么水果。

教师：现在，我们要用嘴巴来尝一尝，猜一猜，是什么水果。好吗？

4. 幼儿背对水果拼盘，教师展示水果给其他幼儿看。

教师：你吃到的是什么味道的？猜一猜，是什么水果呀？

教师：小朋友说，她猜得对不对呀？

四、说说吃水果的好处，知道水果营养丰富。

1. 教师：我们发现了水果的里面和外面不一样，用嘴巴品尝到了它们的味道。现在我们知道了这些水果形状都不相同，颜色都不一样，它们的味道也各不相同。

教师：为什么我们每天都要吃水果？

小结：水果有营养，吃了会让我们的身体变得棒棒的。

2. 鼓励幼儿将水果吃完。

教师：这些水果是农民伯伯辛辛苦苦种出来的，我们要好好地珍惜他们的劳动成果。

活动建议

可将有关水果核和果皮的讨论放在游戏环节，增加幼儿的学习兴趣，在区域活动中多提供相关的图片让幼儿进行观察，讨论。

活动三 神奇的水果袋（科学）

活动目标

1. 认识常见的水果，用手触摸、感知水果的大小、软硬、形状等基本特征。
2. 通过观察水果、摸水果猜名称、听指令摸水果的游戏活动，感知水果的特征。
3. 能大胆地在集体面前，用语言表达自己的想法。

活动准备

物质准备：1. 苹果皮、梨子皮，橘子皮和香蕉皮，以及这些水果的果肉；2. 幼儿常见的水果（如苹果、香蕉、橘子、荔枝等）；3. 布袋一个，水果图片若干。

经验准备：幼儿认识并品尝过各种水果。

活动过程

一、游戏：给水果娃娃配衣服。

1. 幼儿观察果皮，猜测水果名称

教师：这里有几件水果娃娃的衣服？它们是哪些水果娃娃的衣服？你是怎么知道的？（长长的是香蕉的，红色的是苹果的，橙色的是橘子的，黄色的是梨子的）

2. 教师出示盘子里的果肉，幼儿感知果肉外形特征，尝试给水果娃娃送果皮外衣。

二、游戏：神奇的水果袋。

1. 教师：我这里有一个神奇的水果袋，袋子里面有许多的水果娃娃，谁来摸一摸，猜一猜里面有哪些水果娃娃。（出示水果袋）

2. 请个别幼儿上来摸，猜测水果名称，再摸出来给大家看一看，进行验证。

教师说出水果名称，请个别幼儿在水果袋里摸出相应的水果。

三、幼儿观察各种各样的水果，讲述水果的特征。

教师出示各种水果。

教师：你看到了什么水果？它是什么样的？让幼儿观察认识，并讲述水果的特征。（苹果摸上去很光滑；香蕉是弯弯的；橘子表面有些粗糙；荔枝的个头小，摸上去像有刺）

四、幼儿品尝水果，自由说说自己吃的水果的名称和味道。

教师：请你来尝一尝水果，说一说水果的名称和味道。

（苹果甜，橘子酸，香蕉软软的，荔枝水分很多）

幼儿讨论：吃完水果，果皮应该放在哪里？

教师：你吃过什么水果？你是怎么吃水果的？你把果皮扔在哪里了？

小结：水果有营养，吃水果可以补充维生素，让小朋友长高、长结实，但是水果皮不能乱丢，要放在垃圾桶里。

活动建议

1. 放入水果袋的水果应选择外形上有明显特征且幼儿熟悉的水果。
2. 尽量使水果袋大一些，保证每一个幼儿都能通过游戏寻找到一种水果。

主题活动三
玩 具 城

主题活动三
玩 具 城

主题意图

"玩"是幼儿的本能,幼儿的游戏即是学习的最佳途径,儿童心理学家说:"玩就是儿童的工作。"那么玩具就是幼儿的"人生第一部教科书"。玩具是幼儿亲近的朋友,不同的玩具和玩法丰富了幼儿的感官体验,自己玩或和大家一起玩更拓展了幼儿的社会人际关系。

透过玩具可以帮助幼儿发展各阶段的基本动作,引发幼儿的想象力与创造力,获得满足感、增进语言能力及纾解情绪。

为了培养幼儿的创造精神,我们将在"玩具城"的主题课程中,和幼儿共同建造一个快乐的玩具城,与幼儿一起动动脑、动动手,创造出多变、丰富有趣的玩具与玩法,并且在玩的过程中,学习轮流与人分享,并且尽情享受玩具城堡带来的惊奇与乐趣。

准备好了吗?让我们一起进入"玩具城"里寻宝啰!

主题目标

健康:
1. 不拿玩具做危险的事,游戏结束后在成人的提醒下自己收拾玩具,放在指定的地方。
2. 能拖拉玩具,按要求控制方向走。
3. 能自然地走、跑,学习单手拍球。
4. 洗手前能自己或请老师帮忙卷袖子,洗完手能将袖子放下来。
5. 会使用小三圈和大三圈的方法把嘴巴擦干净,并知道把毛巾叠放整齐。

语言:
1. 愿意倾听老师和同伴说话,能听懂说话的内容。
2. 用完整的一句普通话向同伴介绍自己的玩具。

3. 看单幅画面的图书，会有序翻阅绘本，并尝试用简单的话说一说图中有什么，发生了什么事。

社会：

1. 在成人的指导下，不争抢、不独霸玩具，想加入同伴游戏时，能友好地请求同伴。
2. 愿意和同伴分享自己的玩具，爱惜别人的玩具。
3. 在分享玩具的过程中，会使用礼貌用语，并能说出同伴的名字。

科学：

1. 有目的地观察玩具的外部特征，并能用自己的语言描述。
2. 将同类玩具按一定的特征进行分类。
3. 能手口一致地点数5以内的实物，并说出总数，能一一对应比较两种玩具的数量。
4. 乐于探索常见玩具的玩法，初步养成良好的操作习惯。
5. 能用多种感官或动作探索玩具，关注动作所产生的结果。

艺术：

1. 能从玩具的某一特征进行简单想象，并尝试用比较夸张的四肢动作进行模仿。
2. 体验在音乐的伴奏下敲击玩具的乐趣，愿意和同伴一起演唱所学的歌曲，尝试整齐地从头唱到尾。
3. 能正确地拿放绘画工具，大胆地使用各种工具参与水粉创作活动。
4. 尝试绘画圆形。
5. 学习小铃、铃鼓的演奏方法，初步学会看教师的指挥动作，随音乐进行打击乐器演奏活动。

主题网络图

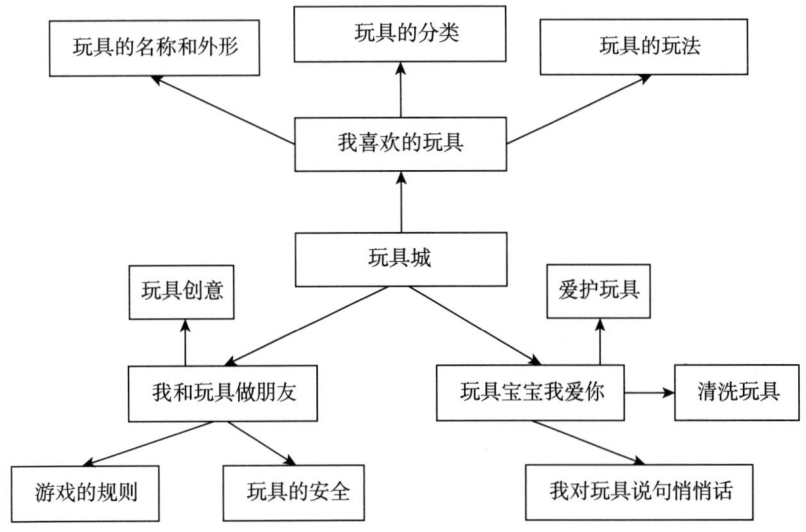

环境创设

1. 将班级教室布置成一个大的玩具城,每一个区域都是玩具城的一部分,有统一的游戏标识,增加游戏的娱乐性和互动性,可以有部分民间或竞技类游戏,旨在通过活动提高幼儿玩玩具的水平。

2. 在健康区建立"玩具悄悄话"——心理健康角,放入毛绒玩具、靠垫等舒适的玩具,打造安全温馨的氛围。

3. 在班级的创造性游戏中,增加和玩具有关的游戏内容,如汽车 4S 店、玩具店等;在班级的区域游戏中,增添清理玩具、爱护玩具的内容,如玩具保洁中心;在美工区增加用玩具进行艺术创作的内容,如汽车轮胎印画、油泥等。

4. 打造"我和我喜欢的玩具"照片墙,展示幼儿主题活动的情况。

5. 在班级的盥洗区域,粘贴幼儿擦嘴的步骤图,方便幼儿模仿与学习。

三方互动

教师——组织幼儿分享各种玩具,帮助幼儿学会分享;协助幼儿开设玩具城,引导幼儿爱惜玩具;鼓励幼儿运用不同素材创作玩具,为玩具开创不同的玩法;展示幼儿在活动中的作品,记录幼儿在活动中的表现。

幼儿——和小伙伴一起探究不同玩具的玩法。大胆用玩具进行艺术创作,和老师一起布置班级的玩具展,做活动的小主人;知道要在玩玩具的时候,爱护自己的、班级的、别人的玩具。

家长——科学、健康地为幼儿选择和购买玩具,和幼儿一起准备喜欢的玩具,探索玩具的玩法;介绍玩具的玩法,并配合教师带幼儿进行玩具的艺术活动。在家中,把不同的玩具放在一起玩,再一起收拾好,为家里的玩具布置一个家。

特色活动

	活动	活动准备	指导要点	参与幼儿
健康大活动	健康大活动	消毒好的毛巾	会使用大三圈和小三圈的方法把嘴巴擦干净,并知道把毛巾叠放整齐	本班幼儿
安全教育活动	安全教育活动	玩玩具的安全用书	知道正确玩玩具的方法,知道玩玩具的过程中会有危险的因素,初步学会保护自己的方法	本班幼儿
户外活动	看小鱼	一些鱼食	仔细观察小鱼在水中的状态,引导幼儿们用身体动作模仿小鱼游	本班幼儿
	桂花雨	选择桂花开花的时候	欣赏桂花树,在捡拾落地桂花的时候,闻一闻桂花的香味,感受秋天的味道	本班幼儿
语言活动	收起来	《小熊宝宝系列》之《收起来》绘本或PPT	通过绘本引导幼儿学习主动收拾玩具	本班幼儿
	会说话的玩具	《会说话的玩具》绘本或PPT	通过绘本潜移默化地感受:善良、宽容、原谅、助人为乐、付出的美好品质	本班幼儿
	小猪历险记	《小猪历险记》绘本或PPT	感受小猪幽默、快乐的生活情绪	本班幼儿
	too many toys	too many toys 绘本或PPT	欣赏Spencer和玩具的故事,更好地理解玩具的意义,更好地处理自己的玩具	本班幼儿
音乐活动	打电话	Mp3	喜欢音乐活动,能用轻快的声音来演唱	本班幼儿
	布娃娃	Mp3	知道珍惜自己的幸福并且关爱每一个需要帮助的人	本班幼儿
	找小猫	Mp3	感受和教师一起玩躲猫猫游戏的快乐	本班幼儿

区域活动

	活动与指导要点	幼儿发展目标	材料与层次
建构区	活动：小汽车嘟嘟嘟 指导要点：能使用积木进行平铺和垒高	喜欢玩小汽车，参与建构游戏	材料：积木玩具 目标一：知道要为小汽车搭一条长长的马路； 目标二：尝试将积木连起来，搭一条马路； 目标三：能够将积木连起来，尝试用平铺的方法搭马路
生活区	活动：安全玩玩具 指导要点：通过阅读和操作健康书《安全玩玩具》，了解玩玩具的安全事项，有保护自己、爱惜玩具的意识	了解安全玩玩具的内容和方法	材料：自制健康书《安全玩玩具》 层次一：能在老师的指导下阅读和操作健康小书； 层次二：能独立阅读和操作健康小书，结束后能主动找老师检查
	活动：清洗玩具 指导要点：能根据玩具的不同种类采用不同的方法对玩具进行清洗	能说出自己喜欢的玩具的材质；知道玩具的材质不一样，清洗的方式也不一样，能遵守活动的规则	材料：各类玩具 层次一：清洗同一种类的玩具； 层次二：先分类，再按照不同的方法来清洗玩具
	活动：悄悄话 指导要点：能在舒适的环境中，对着玩具说说悄悄话，会抒发自己内心的情感	有抒发自己内心情感的愿望	材料：毛绒玩具等 层次一：对自己喜欢的玩具说句悄悄话； 层次二：能配合老师完成"我对玩具说句悄悄话"表格
美工区	活动：玩具滚印画 指导要点：会使用能滚的玩具进行压印画	幼儿对玩具中"能滚的玩具"有一定的认识，会在班级中发现能滚的玩具	材料：能滚的玩具 层次一：能使用老师准备好的玩具进行压印； 层次二：能使用会滚的玩具压出不同的花纹和线条

续表

	活动与指导要点	幼儿发展目标	材料与层次
美工区	活动：快乐的小蛇 指导要点：引导幼儿将油泥搓成长条，想象小蛇在做的事情	会将一小团油泥放在手掌上，双手合拢前后搓动做出小蛇	材料：油泥、泥工板 层次一：观察并了解蛇的形态以及头粗尾细的特点； 层次二：能用前后搓的方法搓出长条的蛇； 层次三：能用粗和细的方式表现蛇的头部和尾部，并给小蛇粘贴眼睛
	活动：飞镖 指导要点：尝试将彩带和点状贴纸贴在养乐多小瓶上，制作成飞镖的样子	喜欢自己制作飞镖玩具，将制作的玩具用在晨间锻炼或户外活动中	层次一：能在老师的帮助下制作飞镖； 层次二：能自己根据图示制作飞镖； 层次三：能创造性地使用贴纸，制作属于自己的个性飞镖
益智区	活动：送小汽车回家 指导要点：按点子数量匹配相应的汽车和车库	有认识3以内点卡的经验	材料：小汽车3辆；背景图板1块（泡沫板），画有几条小路 层次一：能够数清楚点子数量并且说出总数； 层次二：能够按照点子的数量找到正确的路线； 层次三：能够沿着正确的路线将小汽车送回印有相应点子的房子前
	活动：玩具分类 指导要点：学习按物体的形状、颜色、大小等标记进行分类，并能说明分类标准	在数学活动的基础上进行，能认识各种标记	材料：实物玩具、标记卡片 层次一：能将实物玩具按标记进行分类； 层次二：能使用分类盒将卡片上的玩具图进行分类
	活动：数学匹配 指导要点：能根据生活用品、动植物中的关联，进行相关的匹配活动	在匹配活动中感知生活用品、动植物之间的关联	材料：数学操作单——匹配 层次一：能通过范例完成匹配活动； 层次二：能感知生活用品、动植物的关联，并完成匹配活动

续表

	活动与指导要点	幼儿发展目标	材料与层次
探究区	活动：好玩的玩具 指导要点：能探索电动玩具、机械玩具的玩法，寻找玩具的开关	乐于探索常见玩具的玩法，初步养成良好的操作习惯	材料：电动玩具、机械玩具等 层次一：喜欢玩玩具，自由探索玩具的开关和玩法； 层次二：能将相同开关方法的玩具归类摆放在一起，会和同伴交流不同的玩法
	活动：神奇的口袋 指导要点：能按照形状标记摸出对应形状的玩具并进行匹配。丰富多种触摸感受并用语言表述	能用手触摸、感知玩具，丰富对物体特征（如形状、大小、软硬）的认识	材料：大口袋，圆形、三角形、正方形玩具若干，毛绒玩具、塑料胶粒、小球等班级内玩具任选几种更换 层次一：能摸出玩具的形状，寻找匹配的形状标记； 层次二：能根据形状标记摸出相对应的玩具； 层次三：能选择自己喜欢的物品放进口袋自由触摸，用语言表达自己的发现
阅读区	绘本：《洗澡》 指导要点：和"故事妈妈"一起阅读绘本。能一页一页地阅读绘本	能安静地和"故事妈妈"一起看书，有一定的阅读规则意识，爱惜图书	材料：绘本《洗澡》 层次一：和"故事妈妈"一起阅读绘本，学习一页一页地翻书； 层次二：能在一页一页地翻书的基础上，运用手指点图的方法进行阅读，并大声讲述
扮演区	活动：玩具店 指导要点：在游戏中会按标记分类整理玩具，并能使用礼貌用语	模仿生活中的买玩具情景参与游戏	材料：玩具店游戏情境 层次一：喜欢参与玩具店游戏，能和客人交流； 层次二：能在游戏中礼貌地交流，玩过的玩具会归还； 层次三：能按照标记分类整理玩具，用礼貌用语主动交流

集体教学活动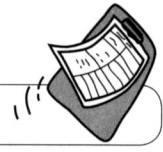

第一周		第二周	
1.	我喜欢×××（语言）	1.	熊猫玩具店（综合）
2.	白天和黑夜（数学）	2.	玩具动起来（科学）
3.	大鼓和小铃（音乐）	3.	玩具城（数学）
4.	我和球儿一起玩（体育）	4.	这是小兵（一）（音乐）
5.	波洛克的画（美术）	5.	拉大锯（语言）
第三周			
1.	安全玩玩具（健康）		
2.	第五个（语言）		
3.	这是小兵（二）（音乐）		
4.	小小玩具护送队（体育）		
5.	彩色面具（美术）		

第一周 活动一 我喜欢×××（语言）

活动目标

1. 愿意向老师、同伴介绍自己的玩具。
2. 能完整地说出一句介绍玩具的话：这是我最喜欢的玩具，是×××。
3. 体验与同伴一起玩玩具的快乐。

活动准备

物质准备：每人有一件自己最喜欢的玩具。

经验准备：有和玩具对话的经验。

活动过程

一、教师出示玩具，引起兴趣。

1. 教师出示自己喜欢的玩具。

教师：这是我最喜欢的玩具，你知道它叫什么吗？你们猜猜我为什么喜欢这个玩具？

（幼儿自由回答，大胆表达自己的观点）

2. 教师示范说说自己喜欢这个玩具的理由。

（可以是玩具的外形可爱，能活动等）

二、幼儿玩一玩自己的玩具，说说自己喜欢这个玩具的理由。

1. 鼓励幼儿能大胆地在集体面前说话。

教师：你们也带来了最喜欢的玩具，谁来给小朋友介绍一下呢？说一说"我最喜欢的是××玩具"。

2. 教师倾听幼儿的自由谈论，并帮助幼儿从颜色、形状、功能等选择一个方面进行小结，说出自己喜欢这个玩具的理由。

3. 教师：你们和旁边的小朋友说说自己为什么喜欢这个玩具。

三、请个别幼儿向大家谈谈自己喜欢这个玩具的理由。

1. 教师：谁愿意向大家说说自己为什么最喜欢这个玩具呢？

2. 教师与幼儿分享个别幼儿的经验。

四、交换玩具，并与同伴说说自己为什么喜欢这个玩具。

1. 幼儿尝试交换玩具。

教师：小朋友们带来了这么多的玩具，你们想和好朋友交换玩玩吗？如果想，你可以和好朋友商量一下，互相交换玩具。交换玩具的时候，我们要和小朋友说什么呢？

鼓励幼儿说一说:"我们两个换着玩,好吗?"

2. 幼儿玩一玩交换的玩具。

教师提醒幼儿,在同伴同意的情况下,才可以交换。

3. 幼儿互相之间有礼貌地进行玩具互换后的体验。

教师:你喜欢其他小朋友的玩具吗?如果喜欢,你会对小朋友说什么?你可以说,"你的玩具真好玩,我喜欢你的玩具!"

教师:我们把玩具还给小朋友吧!谢谢你和我换玩具。

换回自己的玩具,知道别人的玩具玩一会儿要归还。

活动建议

让幼儿带着自己的玩具到户外与同伴一起玩。

活动二 白天和黑夜(数学)

活动目标

1. 借助幼儿的生活经验,引导幼儿认识白天和黑夜。
2. 通过操作活动,使幼儿初步建立时间概念。
3. 在活动中学会遵守活动规则,了解自己活动的目的。

活动准备

物质准备:

教具:1. 地上画两个大圆圈,一个圆圈表示黑夜,一个圆圈表示白天;2. 与生活模仿动作相匹配的音乐。

学具:1. 白天、黑夜活动卡片若干;2. 自制小老鼠若干;3. 蜡烛、台灯、手电筒、灯笼、太阳镜、太阳帽等实物若干;4. 白天和黑夜的活动操作单。

经验准备:幼儿关注过白天和黑夜的不同。

活动过程

一、听音乐,和老师一起做生活模仿动作,引起兴趣。

教师:我们来听一段好听的音乐,跟着老师一起做动作吧。

教师:我们刚才做了哪些动作呢?(刷牙、穿衣服、梳头、吃饭、玩游戏、睡觉等)

教师:这些动作在平时什么时间做呢?刷牙是什么时候做的事情?吃饭又是什么时候做的事情?睡觉呢?

小结：我们每天早晨起来的时候，天空是亮亮的，那叫白天；晚上吃过晚饭，睡觉的时候，天黑了，那叫黑夜。

二、进一步了解白天和黑夜。

1. 认识白天和黑夜的标记。

教师：你知道这是什么标记吗？白天是什么样的？黑夜是什么样的？

小结：白天太阳出来啦，太阳可以表示白天，晚上月亮和星星挂在天上，就用月亮和星星来表示黑夜吧！

2. 幼儿从小筐中挑出蜡烛、灯泡、手电筒、灯笼、太阳镜、太阳帽等实物，通过物体的用途感知白天和黑夜。

教师：老师准备了一些平时能用的物品，你认识这些东西吗？请你挑一件自己喜欢的，说一说，这是什么？

你知道这是什么时候用的吗？

我们来玩个游戏，你手上的这些东西是什么时候用的呢？是白天用的，你就站在有白天标记的太阳图标的圆圈里，如果是黑夜用的呢？（引导小朋友互动回答，了解游戏目的）

幼儿自主游戏。

三、师幼共同总结。

教师：太阳表示白天，白天，天是亮的，小朋友要上幼儿园，做游戏，学本领，爸爸妈妈要上班，去工作；到了晚上天就慢慢地变黑了，月亮也悄悄地出来了，我们在家里就要打开电灯才能看清东西，小朋友也要睡觉了。

教师：我们每天都会利用白天参加各种活动，快乐地度过白天。到了晚上，我们累了，就要好好休息了，可以做一些安静的活动，保证自己的睡眠。

活动三　大鼓和小铃（音乐）

活动目标

1. 初步熟悉歌曲旋律，感受重重的大鼓声音和轻轻的小铃声音，尝试用较有力的声音和较轻的声音分别表现大鼓和小铃。

2. 能用大小不同的音量来表现大鼓和小铃的声音特点。

3. 尝试和同伴轮流演唱，体验轮唱的快乐。

活动准备

物质准备：大鼓 1 面、小铃 1 对。

经验准备：会表演歌曲《老猫和小猫》。

活动过程

一、复习歌曲《老猫和小猫》。

1. 引导幼儿随着音乐演唱歌曲，突出老猫和小猫叫声的强弱。

2. 请两位幼儿上来用铃鼓和小铃伴奏，集体分左右分别扮演老猫和小猫表演歌曲。

二、出示大鼓和小铃，观察感知大鼓和小铃声音的特点。

教师：这是什么？大鼓和小铃是什么样子的？敲起来会发出什么声音？

请个别幼儿来分别敲击大鼓和小铃。

教师：你会用声音模仿大鼓和小铃发出的声音吗？

三、教师演唱歌曲《大鼓和小铃》，帮助幼儿理解歌词内容。

1. 幼儿倾听教师范唱歌曲《大鼓和小铃》。

教师：歌里唱了些什么？大鼓和小铃的声音有什么不同？

2. 再次演唱歌曲，引导幼儿尝试用大小不同的声音表现大鼓和小铃。

四、探索用不同幅度的动作表现大鼓和小铃。

1. 教师：敲大鼓和敲小铃的动作，哪个大？哪个小？

2. 教师带领幼儿边唱边用较大的动作幅度来敲击身体膝盖，再用小小的动作幅度敲击自己的脸部。

3. 教师：我们身体的什么部位可以做大鼓和小铃呢？

引导幼儿用自己的其他身体部位来分别替换敲大鼓和小铃的部位。

五、学唱歌曲，重点练习歌唱声音"咚咚、叮叮叮"。

1. 教师敲鼓和小铃，请幼儿做大鼓和小铃，发出"咚咚、叮叮叮"的声音。

2. 幼儿按照男生和女生分成两组。分别做"大鼓"和"小铃"，男生起立，在教师动作的指挥下，学习轮流演唱歌曲。

3. 将幼儿分成左右两组，分别扮演大鼓和小铃，在琴声和动作的提示下，轮流演唱歌曲。

六、音乐游戏"小猫捉迷藏"。

教师带领幼儿随着音乐开展游戏活动 2~3 遍。

活动建议

教学变式：如果幼儿没有基础，可以将此活动分为两个层次：第一层次，幼儿欣赏教师演唱，主要采取集体统一用不同的身体部位来表现大鼓和小铃，在反复听唱中熟悉歌曲，不要分角色；第二层次，主要将幼儿分成"大鼓"和"小铃"两个角色，学习看教师的指挥动作，分别表演大鼓和小铃。

附：大鼓和小铃

$1=C \dfrac{4}{4}$

f 　　　　　　　　　　　　　　　　p
3 3 3　1 1　5̣　—　5̣　—　｜　3 3 3　1 3　5 5　5　—

敲 起 了 大 鼓　咚　　　咚，　　　敲 起 了 小 铃　叮 叮　叮。

f　　　p　　　　　　　　　　　f　　　　　　　　　　p
6 5 5　3 3　5 3 3　2 2　｜　5̣　—　5̣　—　1 1 1　1　—

敲 起 了 大 鼓 敲 起 了　小 铃，　咚　　　咚　　　叮 叮　叮。

活动四　我和球儿一起玩（体育）

活动目标

1. 熟悉球性，能大胆练习滚球。

2. 初步学习滚球的动作，发展手眼协调能力。

3. 喜欢和大家一起玩球，体验玩球的乐趣。

活动准备

物质准备：20 m × 20 m 场地；每人一个皮球；音乐播放器。

经验准备：有玩球的经验。

活动过程

一、开始部分。

放《健康歌》音乐，师幼共同活动身体：头部、上肢、体侧、体转、腹背、跳跃、整理动作。

二、基本部分。

1. 幼儿自主探索学习皮球的多种玩法。

教师：孩子们，看，这是什么？（皮球）

咱们今天来玩玩皮球，好不好？

皮球是怎么玩的呢？（邀请个别幼儿示范，教师和幼儿鼓掌鼓励）

你会不会玩皮球？自己拿一个球玩一玩吧！

教师：拿球的时候一个跟着一个，不拥挤，并且要在班级活动的区域内玩游戏。

小结：我们已经会和皮球做好朋友啦！每个孩子都把自己的球宝宝抱抱好！

2. 教师新授幼儿滚球要领：双手扶球，向前推球。

教师示范：对准你，滚过去；对准我，滚过来。

教师：现在，我们站在圆圈上，来跟着老师一起玩皮球！老师怎么做，你也怎么做！看看，老师怎么玩的？

教师继续示范滚球的动作，引导幼儿边玩边念口诀。

教师：对准你，滚过去；对准我，滚过来。

3. 自主练习玩皮球，教师巡回指导。

三、结束部分。

游戏："小孩小孩真爱玩"。

教师：孩子们，今天我们玩皮球玩得真好，奖励奖励自己，做个游戏吧。

小孩小孩真爱玩，摸摸这，摸摸那，学习皮球跳跳跳；

小孩小孩真爱玩，摸摸这，摸摸那，学学小狗汪汪汪；

小孩小孩真爱玩，摸摸这，摸摸那，摸摸鼻子转一圈；

小孩小孩真爱玩，拍拍手，拍拍肩，跺跺小脚跟我来。

活动建议

这是一节相对比较宽松的体育活动，有部分时间是由幼儿自主完成的，教师需要在活动中多注意观察幼儿的行为表现，特别是安全的问题，引导幼儿在人少的地方玩游戏，并遵守活动的规则，在指定区域活动。本活动旨在了解幼儿玩球的大概情况，为后期拍球的练习做好准备。

活动五　波洛克的画（美术）

活动目标

1. 初步欣赏画家波洛克的抽象画，感受画面丰富的表现方法和想象力。
2. 尝试使用多种媒材大胆运用滴、洒、滚、印等方法，创作自己想象的抽象作品。
3. 体验各种媒材的表现特征和创作的愉悦感。

活动准备

物质准备：1. 4幅波洛克的画（PPT）；2. 1k铅画纸一张；3. 音乐《森林狂想曲》；4. 大大小小有洞的瓶、玩具洒水壶、漏斗勺、玩具汽车、小皮球、胶带卷、干树枝、报纸团、塑料玩具等数量为幼儿人数两倍的美术工具；5. 水粉颜料红、黄、蓝、绿、紫；6. 长5米、宽1.5米左右的画布（纸）；7. 抹布若干。

经验准备：有在大纸上印画的经验。

活动过程

一、欣赏波洛克的作品，引导幼儿观察画面的线条、色彩。

教师："有一位大画家，画了许多特别的画，我们来看看。"

出示PPT图1："画面中是什么样的线条？像什么？你喜欢吗？为什么？"

出示PPT图2："这幅画有什么颜色？线条怎样？"

出示PPT图3："看看这幅画除了有线条还有什么？"

出示PPT图4："这幅画有线条、有色块、还有什么？"（大大小小圆圆的点）

小结：这些画颜色丰富、有各种流淌的线条和色块，看上去像各种奇妙的东西，我们叫它抽象画。

二、大胆猜测波洛克的作画方式，体验其独特的创作方式。

1. 集体讨论：画家是怎样画出来的呢？用的什么工具、怎么画的呢？

出示PPT图5，展示画家创作时的照片，引导观察发现画家的创作工具。

教师：你们看这就是画家，他正一手提着有洞的桶，一手拿着刷子在大大的画布上，又是滴又是洒，原来他在用滴洒的方法画画呢！有的时候他还用沙子、石子掺和在颜料里，边走边滴洒，发出奇妙的声音，你们觉得好玩吗？

2. 教师演示（模仿波洛克的创作方法）。

教师：老师也来学一学，你们仔细看噢！

三、幼儿尝试运用多种媒材模仿创作。

1. 提出创作要求："今天老师也给小朋友准备了大大的画布，还准备了各种奇怪的材料，你们可以像波洛克一样画滴洒画，也可以用各种工具滚画、印画。每一份材料都有自己的家，用完后要把材料送回家噢！"

2. 播放音乐《森林狂想曲》，幼儿集体在大布上自由创作。

四、展示幼儿的作品，评析。

1. 教师：说一说自己的画像什么，给合作的画起一个好听的名字。

2. 将作品悬挂，让幼儿体验当小画家的成就感。

第二周　活动一　熊猫玩具店（社会）

活动目标

1. 喜欢玩创造性游戏，会简单地收拾玩具，不把玩具拿回家。
2. 在和老师一起游戏的过程中，结合自己的生活经验，了解玩具店的游戏规则。
3. 愿意和同伴一起玩耍，保持愉快的情绪。

活动准备

物质准备：1. 熊猫玩具店的场景布置；2. 小动物的家的环境创设；3. 小动物头饰；4. 班级已有的各种玩具。

经验准备：有玩娃娃家的经验。

活动过程

一、小小玩具店开张，引起兴趣。

教师：森林里开了一家玩具店，你们看！是谁开的呢？（熊猫商店）

你们看看商店里有些什么啊？（幼儿逐一说出商品的名称）

二、创设情境，学会按标记将玩具分类。

1. 教师：今天，熊猫刚进了一批货，它来不及整理，请小朋友帮帮忙，好吗？

（教师扮演熊猫，提示幼儿按图示进行分类：毛绒类、电动类、积木类）

教师：（毛绒小猫）你们看，这是什么玩具呢？它应该放在哪里呢？为什么？

请一名幼儿摆放。

2. 幼儿整理完后，"熊猫"与大家一起进行验证并及时地调整。

教师：他放得对不对呀？还剩下那么多的玩具，谁愿意来帮助我啊？

3. 教师邀请4名幼儿对玩具进行分类，边分类边和幼儿分析"为什么要这么分"，直至玩具分完。

三、能使用礼貌的语言，初步学习购物。

1. 教师：大家好，我的熊猫玩具店开业啦，欢迎你们来买玩具哦！在买玩具之前，请你们选择一个自己喜欢的小动物头饰，（教师出示动物的头饰）拿好购物卡。到了商店后你要清清楚楚地告诉熊猫，你要买什么东西，熊猫阿姨喜欢有礼貌的孩子，你们别忘了跟她打招呼并说声谢谢，好吗？（引导幼儿说：你好！我要买……谢谢、再见）人多的时候，我们应该怎么办呢？（排队）

2. 幼儿在教师的指导下进行游戏。

教师引导每一位参与游戏的幼儿能大声地说出自己想要购买的玩具的名称，并提示幼儿，学用"你好""请"等礼貌用语。

四、游戏结束，收拾玩具。

1. 教师：大家喜欢这个游戏吗？游戏结束了，这些玩具怎么办呢？我们可以把喜欢的玩具拿回家吗？为什么不能呢？

2. 师幼共同总结：从今天开始，我们就有了一个新的游戏，玩游戏的时候，我们要礼貌讲话，还要温柔地对待我们的玩具宝宝哦！人多的时候要会排队哦！

活动建议

这是一节社会活动，以游戏的方式进行。在小班，幼儿的游戏规则还没有形成的情况下，安排游戏课的内容是十分有必要的。在游戏活动中，幼儿不宜过多，如果条件成熟，可以一次带领三分之一的幼儿进行，人少的情况下，幼儿的活动情况教师才能观察地透彻。注意部分不太遵守规则和胆小的幼儿，多给他们几次练习的机会。

活动二 玩具动起来（科学）

活动目标

1. 探索让玩具动起来的多种方法：惯性、发条、电能等。
2. 能用恰当的词句，简单讲述探索的过程与结果。
3. 乐于参加探索活动，养成良好的操作习惯。

活动准备

物质准备：惯性玩具、电动玩具、拖拉玩具、机械玩具（发条）以及遥控、声控玩具。

经验准备：有玩玩具的经验。

活动过程

一、幼儿玩自己带来的玩具，初步探索玩具的不同玩法。

1. 幼儿自由玩带来的玩具。
2. 请幼儿说说玩了什么玩具，是怎么玩的。

教师：这个玩具是怎么动起来的呢？

3. 将幼儿带来的玩具按不同的玩法分类摆放。

教师：有电池的玩具在哪里？我们把有电池的玩具放在这里，这些都是电动玩具。

有绳子的玩具在哪里？我们把有绳子的玩具放在这里，这些都是拖拉玩具。

一推就能跑的玩具在哪里？我们把这些玩具放在这里，这些都是惯性玩具。

二、幼儿交换玩具玩，进一步探索各种玩具的不同玩法。

1. 请幼儿把几类玩具都玩一玩，加深对玩具不同玩法的体验。

2. 请幼儿说说自己玩了哪些玩具，是怎么玩的。

教师：你喜欢玩什么玩具，为什么？

三、引导幼儿深入探讨玩具动起来的不同方式。

1. 出示发条玩具，供幼儿观察。

教师：拧了发条以后，这个玩具是怎么动起来的？

2. 出示电动玩具供幼儿观察。

教师：为什么打开开关，玩具就会动起来？电从哪里来？

3. 小结：它们有不同的玩法，有的玩具拧了发条就会动起来，有的玩具一推就会动起来，有的玩具打开开关就会动起来。

四、提供多种玩具供幼儿观察操作。

1. 操作遥控玩具。

请幼儿打开开关，观察玩具是否会动。

教师：玩具为什么没有动？教师邀请幼儿操作遥控玩具。

教师：为什么它又动起来了，是什么让它动起来的？

你知道这种玩具叫什么玩具？

2. 提供会录音的娃娃供幼儿观察，让幼儿对娃娃说话并观察其反应。

了解娃娃身后有个小录音机，所以他会说出跟幼儿相同的话。

五、结束活动。

小结：这些玩具真有趣，它们都是工人叔叔和阿姨为了让小朋友玩得开心而设计制造出来的，如果你们发现了其他新的玩具，可以向大家介绍。

活动三　玩具城（数学）

活动目标

1. 能够手口一致点数 3 以内的数，正确初步感知 3 以内的数量。

2. 学习不受物体排列形式的影响，正确感知数量。

3. 学习跑组游戏，能在老师的指导下完成三组操作活动。

活动准备

物质准备：

教具：课件《感知3以内的数量》。

学具：

第一、第二组：看实物卡匹配点卡：1～3的实物卡，1～3的点卡、计算分类盒6份。

第三、第四组：看点卡匹配实物：1～3的点卡、计算分类盒6份。

第五、第六组：找错误（点卡和实物不匹配）操作单人手1份。

经验准备：生活中有接触数字的经验。

活动过程

一、导入活动，引导幼儿观察课件，引起活动兴趣。

1. 教师：这是谁？小熊有几个？

你怎么知道的？让我们一起来数一数？

2. 引导幼儿手口一致地点数。

二、通过课件，感知3以内的数量。

1. 学习手口一致，从左到右按物数数。

教师：一只小猫、一只小狗、一只小鸭，一共有多少个动物玩具呢？

让我们学习从小红旗处开始数。

2. 学习手口一致从上往下数。

教师：树上有几只小鸟呢？

一定要记得从小红旗处开始数。

3. 游戏：看谁数得快。

教师：你看到有几个小动物，快快举手告诉大家。一边点一边数，看看一共有几个小动物。

三、白板互动游戏，巩固3以内数量的认识。

1. 教师交代游戏名称以及规则。

教师：今天一共有三种游戏，第一、第二组是一样的，第三、第四组是一样的，第五、第六组是一样的。（边说边用手势提醒）每个小朋友三种游戏都要去玩，换游戏的时候要记得把自己玩的游戏材料放回原处。

游戏一：看实物匹配点卡。

教师：这里有两种卡片，一种卡片上是水果，数一数，有几个？

一种卡片上是点子，数一数，有几个？

哪张点子卡片和水果卡片的数量一样呢？他们就是好朋友，我们把他们放一起。你会给他们找好朋友吗？谁来试一试？

游戏二：看点卡匹配实物。

教师：哪张实物卡片和点子卡片的数量一样，他们就是好朋友，我们把他们放一起？你会给他们找好朋友吗？谁来试一试？

游戏三：找错误（点卡和实物不匹配）。

教师：这里有些朋友找地对不对呀？我们一起数一数。不对不对，赶快分开，它们不是好朋友。

2. 幼儿操作材料，教师巡回指导。

操作材料：数数量，摆数字卡片

教师检查孩子的操作完成情况。

四、教师与幼儿共同总结、评价。

活动建议

数学活动建议分组进行，一来幼儿得到回答问题和操作的机会比较多，二来也便于教师观察幼儿的行为表现，及时了解幼儿的学习状况。幼儿在分组操作的时候，提醒幼儿每一组都要去，每一组都做一张作业单。教师在活动后，要对幼儿的作业进行批改，及时做出评价。

活动四　这是小兵（一）（音乐）

活动目标

1. 感知歌曲雄壮有力的特点，能情绪饱满、动作有力、合拍地进行表演。
2. 感受进行曲的力度和均匀的节奏，并用动作表现。
3. 乐意听音乐并随音乐做动作，体验游戏的快乐，激发向解放军叔叔学习的愿望。

活动准备

物质准备：

1. 解放军操练视频；2. 军帽一顶；3. 图片四张：喇叭、铜鼓、手枪、大炮；4. 五角星人手一颗。

经验准备：对于解放军有粗浅的了解，如知道解放军的服装、本领等。

活动过程

一、播放解放军操练视频，激发幼儿参与活动的兴趣。

1. 教师：你们喜欢解放军叔叔吗？解放军叔叔们都有什么本领？他们是怎样做的？

2. 游戏"这是小兵"。

教师与幼儿头戴"军帽",教师整队并发出口令,与幼儿一起随音乐有节奏地模仿解放军叔叔的各种动作进入活动场地,激发幼儿参与活动的兴趣。

二、欣赏歌曲,引导幼儿根据歌曲内容模仿表演。

1. 完整欣赏歌曲一遍,教师引导幼儿初步感受进行曲的力度和均匀的节奏。

教师:解放军叔叔面对敌人害怕吗?他们很勇敢,我们应该向解放军叔叔学习,不怕困难,做一个勇敢的孩子!那我们怎样表现他们很勇敢呢?

2. 再次完整欣赏音乐一遍,幼儿随音乐拍手,感受进行曲的力度和均匀的节奏。

教师:小兵来了,我们拍手欢迎吧!

三、鼓励幼儿模仿解放军的动作。

1. 师幼讨论。

教师:音乐里解放军叔叔在做什么?请你来做一做动作吧!

教师讲解吹喇叭和打鼓的动作要领,并带领幼儿合着音乐学习。

教师:解放军叔叔吹喇叭可以用什么动作?

打鼓可以用什么动作呢?我们一起来学学吧。

3. 讲解开枪和开炮的动作要领,并带领幼儿随音乐学习。

教师:解放军叔叔开枪和开炮可以用什么样的动作?谁来做一做?

4. 随音乐完整表演,能按歌词提示做相应的动作。

第一段吹喇叭、第二段打鼓、第三段开枪、第四段开炮。

四、创编动作,丰富活动内容。

教师:你还知道解放军叔叔会训练些什么动作呢?以后也可以编到歌曲里。

总结活动,提出希望。

教师:我们都能合着音乐一起像解放军叔叔一样做各种动作了,记得做动作的时候要有精神哦。

活动建议

教学变式:如果幼儿缺乏一定的基础,可降低活动的难度,如减少创编的内容,只做走和打枪的组合;或不做组合动作,每遍音乐只做一个动作;或将走步动作用拍手代替,减少运动状态下的动作。

活动延伸:在幼儿熟悉音乐和动作的基础上,教师可以变化音乐的速度,让幼儿感受速度的变化,并用相应速度的动作来表现。另外,可以选择其他的进行曲音乐,让幼儿用熟悉的"小兵"动作来表现,拓展幼儿对进行曲的感受经验。

附：这是小兵

1 = C

| 1· 3 5 5 5 | 3   1 | 5·̣ 1̣ 5̣ 1̣ | 3   - |
| 这 是 小兵的 喇 叭 | 哒 哒 哒 哒 嘀。|

| 1· 3 5 5 5 | 3   1 | 5·̣ 5̣ 5̣ 5̣ | 1   - |
| 这 是 小兵的 铜 鼓 | 咚 咚 咚 咚 咚。|

| 1· 3 5 5 5 | 3   1 | 5·̣ 1̣ 5̣ 1̣ | 3   - |
| 这 是 小兵的 手 枪 | 叭 叭 叭 叭 叭。|

| 1· 3 5 5 5 | 3   1 | 5·̣ 5̣ 5̣ 5̣ | 1   - |
| 这 是 小兵的 大 炮 | 轰 轰 轰 轰 轰。|

活动五 拉大锯（语言）

活动目标

1. 学习儿歌《拉大锯》，发准"j"和"x"的音。
2. 运用形体动作和语音匹配相结合的方式学习儿歌。
3. 感受与同伴合作的快乐。

活动准备

物质准备：《拉大锯》教学挂图或 PPT 课件。

经验准备：事先与配班教师排练两人合作的"拉大锯"游戏：手拉手前后晃动身体（第

一、第二句），用手指着对方（第三句），拍手（第四句）。

活动过程

一、教师表演，引导幼儿整体感知儿歌。

1. 两位教师手拉着手表演"拉大锯"，随着节奏朗诵儿歌（三遍）。

教师边表演边念儿歌：拉大锯，扯大锯，姥姥家门前唱大戏。你也去，我也去，大家一起去看戏。

2. 引导幼儿边拍手边自然地跟着朗诵儿歌，进一步感知儿歌内容。

教师：你们想玩吗？让我们一起先来拍拍手玩一玩、说一说吧！

教师在与幼儿共同念读的过程中，帮助幼儿纠正发音。

3. 两位教师再次手拉手表演"拉大锯"，引导幼儿理解儿歌内容。

教师：刚刚老师玩了什么游戏？好玩吗？在姥姥家门前干什么？（注意发准音"j"和"x"）

二、引导幼儿通过自然模仿学习儿歌。

1. 引导幼儿与坐在自己身边的同伴合作，边玩"拉大锯"游戏边念儿歌。

教师巡回观察指导时，注意帮助幼儿正确发准"锯""戏"等字音。

2. 引导幼儿与自己身边的同伴坐在地上结伴，边玩"拉大锯"游戏边念儿歌。

教师：这儿是姥姥家门前的一块大大的草地，这次我们坐在草地上和好朋友一起玩一玩"拉大锯"的游戏，好吗？

三、引导幼儿尝试以换词的方式仿编儿歌。

1. 引导幼儿将儿歌中的"姥姥"改成"爷爷""奶奶"等词，再次边游戏边念儿歌。

教师：想一想除了能在姥姥家门前，还能在谁家门前唱大戏呢？集体来到外面的场地上，两两结伴，边游戏边念儿歌。

教师：魔术师把儿歌里的姥姥家变到了外面的操场上，我们一起去外面玩这个游戏，好吗？

第三周　活动一　安全玩玩具（健康）

活动目标

1. 学习正确玩玩具的方法。

2. 知道玩具中有危险的因素，懂得要保护自己的安全。

3. 有初步的安全意识和规则意识。

活动准备

物质准备：1. 各种玩具，2. 教学课件《安全玩玩具》。

经验准备：有玩玩具的经验。

活动过程

一、玩玩具，导入活动，引起兴趣。

教师：请每个小朋友选择一个喜欢的玩具，玩一玩！

说一说，你在什么时候玩这个玩具？（玩创造性游戏、区域游戏等）

二、通过课件了解玩具中危险的因素。

1. 出示玩具蔬菜。

教师：这是什么？可以吃吗？要是吃了会怎么样？

小结：我们知道了，玩玩具的时候，不能把玩具放进嘴里，因为玩具上有细菌，吃到肚子里，会肚子疼。

2. 演示课件，了解玩具中应该注意的安全。

（1）小朋友把玻璃球放进嘴里。

教师：这个小朋友是怎么玩玻璃球的？危险吗？这样做会发生什么事？

哦，我们在玩小小的球的时候不能把球放进嘴里，那小小的塑料玩具呢？小小的亮片呢？小小的……呢？

那我们赶快对那个小朋友说："千万不能把小小的玩具放进嘴巴里！"

（2）小朋友拿着仿真枪对人射击。

教师：这个小朋友是怎么玩枪的呢？这样做好不好？会发生什么事情呢？

如果是你在玩枪，你会怎么做呢？

那我们赶快对那个小朋友说："千万不能把枪对着别人打，很危险！"

（3）小朋友一边玩油泥，一边吃东西。

教师：哎呀，这个时候吃东西，肚子会疼的。

你在玩玩具的时候吃东西吗？为什么不能吃呢？

那我们赶快对那个小朋友说："玩玩具的时候不要吃东西！"

（4）小朋友在马路上玩皮球或遥控赛车。

教师：这个小朋友玩游戏会发生什么事？

你会对这个小朋友说什么？

"不能在马路边上玩球，危险！"

小结：玩游戏是一件快乐的事情，可是我们在快乐的时候也要注意安全。

3. 补充了解其他常见玩具的安全使用方法。

（1）毛绒玩具：容易有灰尘，不能用嘴咬，玩过之后要洗手。

（2）金属玩具：有尖尖的地方容易割伤手。

（3）电动玩具：充电的时候不能玩。

（4）拖拉玩具：有绳子，在玩的过程中不要绊倒别人。

三、幼儿分散游戏，引导幼儿注意安全。

教师：你们都是会安全地玩玩具的孩子，老师相信你们在玩玩具的过程中，也会多多注意安全的，对不对？

四、延伸活动。

教师制订玩游戏的守则，并张贴在玩具柜旁，提醒幼儿玩玩具的时候注意安全。

活动建议

该活动是一节健康活动，幼儿的健康意识不是通过一节活动就可以养成的，需要教师在日常的活动中进行督促和引导。利用健康区将安全玩玩具的内容和理念加以展现是很有必要的，可以制作班级玩具公约、安全玩游戏小书等等。

活动二　第五个（绘本阅读）（语言）

活动目标

1. 尝试观察画面，发现小动物身上的细节变化，学会大胆表达自己的发现。
2. 结合自己的看病经验，通过观察、想象、推测绘本内容，理解"进出"的含义。
3. 用积极的心态看病，当身体不适时乐意向老师和家长求助。

活动准备

物质准备：制作绘本PPT课件。

经验准备：有阅读绘本的经验。

活动过程

一、展示课件，导入活动。

1. 引导幼儿观看封面。

教师：这本书上都有谁？（原来是一群小玩偶）一共有几个呢？（五个）他们是什么样子的？今天我们要来看一本书，书的名字叫作《第五个》。

2. 介绍绘本主人公。

3. 设疑，引出故事。

教师：门口有几个小玩具？这五个小玩偶都在干什么？

二、师幼共同欣赏故事，分析故事。

1. 欣赏片段一。

教师：小动物们都是什么样子？坐在第五个的小木偶在笑，他在笑什么？

2. 欣赏片段二。

教师：谁进去了？他是怎么进去的？他进去干什么呢？前面几个小玩偶都有些紧张，谁的表情不一样？他在笑什么？

3. 欣赏片段三。

教师：你们猜猜他们心里会想什么？那我们看看第五个小木偶，他笑了吗？他看着门，心里会想什么呢？

4. 欣赏片段四。

教师：房间里又恢复了安静，我们再来观察小木偶，他把脸转过去了，前面的人越来越少了，后面还有人吗？

5. 欣赏片段五。

教师：小木偶怎么了？他为什么会哭呢？他心里会有什么感受？你在看医生之前是什么感觉？

6. 欣赏片段六。

教师：小青蛙是怎么出来的？小木偶看到小青蛙出来，他心里会想什么呢？

三、迁移故事经验，结合幼儿自身经验，鼓励幼儿克服害怕心理。

教师：你有没有去医院看过病？在看病之前，你是不是和小木偶一样，有点害怕，又有点紧张？这时候，你是怎么做的？哭了吗？

如果你哭了，有什么办法不哭呢？

如果你很紧张，可以有什么办法让自己不太紧张呢？

小结：我们已经长大了，在看病或者遇到困难的时候，我们都会感到害怕或紧张，遇到这样的情况，我们可以寻找大人的帮助，或者告诉自己"我要勇敢"，给自己打打气，做一个勇敢坚强的孩子！

活动三 这是小兵（二）（音乐）

活动目标

1. 学会看教师的指挥动作，尝试使用小铃和铃鼓随音乐进行打击乐器演奏活动。
2. 会学习简单的轮流演奏。
3. 能合着节拍进行打击乐活动，体验打击乐活动的乐趣。

活动准备

物质准备：1. 小铃、铃鼓若干（数量相同，总数略多于幼儿人数），大鼓1个；2. 音乐《这是小兵》。

经验准备：1. 会唱歌曲《这是小兵》；2. 有创编解放军动作的经验。

活动过程

一、复习歌曲《这是小兵》，调动幼儿的已有经验。

教师：这是什么歌？还记得我们都做过哪些解放军叔叔的动作吗？

教师：让我们一起来跟着音乐学做解放军吧！

二、学习坐成马蹄形，知道音乐活动的座位规则。

教师：请小朋友们在自己的座位坐下来。我们大家做的座位有一个好听的名字，叫作"马蹄形"，以后我们进行打击乐的活动都要坐成这个样子哦！

三、探索乐曲的打击乐配器方案。

1. 教师引导幼儿迁移律动动作的组合，讨论配器方案。

教师：小兵走路用什么乐器演奏？小兵打枪用什么乐器演奏？

2. 教师哼唱做动作，幼儿跟着音乐做。

教师：这四个声音哪个声音应该最响？（提醒幼儿在大炮处声音要稍响）

3. 根据乐器的音色辨认乐器的名称。

教师：今天有许多的乐器也想和我们一起来表演，它们是谁呢？老师请它们唱歌，你们来猜好吗？

教师：小铃、铃鼓和木鱼都要参加唱歌表演，我们把乐器参加表演的节目叫作打击乐表演。

四、幼儿自选乐器，尝试听音乐看指挥演奏乐器。

教师：你还想用什么乐器演奏？你想选什么乐器就坐在放有那种乐器的椅子上。

五、教师指导幼儿进一步学习乐器的拿法和演奏方法，并尝试演奏。

教师：大家要看好我的指挥动作，听老师哼唱音乐，你们来演奏，好吗？
（交换乐器，然后进行演奏，教师提示幼儿乐器的正确拿法和演奏方法）

六、幼儿在音乐声中将乐器收放到指定地方。

活动建议

教学变式：在学习打击乐演奏的开始环节，可由教师与全体幼儿组成两个声部，教师用大鼓演奏后半句，幼儿演奏前半句，帮助幼儿更快地感受分声部演奏的效果，掌握分声部演奏的方法。

在幼儿熟悉打击乐活动后，可请幼儿担当小指挥；在幼儿有了看指挥演奏的习惯后，可以逐渐增加乐器的种类，教师即兴变换配器方案，指挥幼儿演奏。

活动四　小小玩具护送队（体育）

活动目标

1. 能在高 25 cm、宽 15 cm 的平衡木上行走。
2. 通过平衡木时，能调节身体姿态，保持身体平衡。
3. 在游戏中能勇敢、不怕困难地完成任务。

活动准备

物质准备：1. 低矮平衡木；2. 狗熊、小兔、小鹿、小猫动物头饰各一个；3. 箭头指示牌三块。

经验准备：有遵守体育活动规则的经验。

活动过程

一、开始部分。

请每一位幼儿挑选一个动物头饰。

小动物走走走：一个跟着一个走。

小动物模仿操：头部—上肢—下蹲—腹背—跳跃—整理。

二、基本部分。

1. 学习走过平衡木，发展平衡能力。

教师：小动物们，玩具找不到自己的家了，让我们一起去接玩具宝宝吧！

幼儿分组练习，教师巡回指导。

教师小结并示范：脚踩稳，一步一步向前走；眼看前，身体不要歪歪倒。

2. 练习走过平衡木，尝试执物通过保持身体平衡。

教师：我们要送玩具宝宝回家，可前面的小桥挡住了我们的去路，我们怎样才能保护好玩具宝宝呢？

请个别幼儿示范，提醒幼儿自己和玩具宝宝都不能掉到"水里"。

幼儿分组完成护送任务，为成功的幼儿欢呼。

3. 游戏"小小玩具护送队"。

（1）教师讲解游戏玩法：小动物们护送玩具宝宝爬过草地、走过独木桥、跳过水沟、钻过山洞，把玩具宝宝安全送到家。

（2）幼儿玩游戏。

（3）教师巡回指导，提醒幼儿注意安全。

三、结束部分。

教师：小动物们把玩具送回家啦！

我们现在来跟着音乐放松一下（拍拍手和腿）。

活动五 彩色面具（美术）

活动目标

1. 认识水粉颜料，尝试使用喷壶、滴管或小勺等玩色工具，将 2~3 种颜料滴在面具上，喜欢发现色彩的变化。

2. 观察色彩的变化，喜欢好看的颜色交织在一起。

3. 体验玩色的快乐，乐意参与美术活动。

活动准备

物质准备：护衣；水粉颜料每组 2~3 种；玩色工具，如喷壶、滴管、勺子；黑色卡纸；面具人手一个；琉璃工艺品；潘企群的美术作品；欢快的舞蹈音乐等。

经验准备：日常生活中有使用喷壶浇花的经验。

活动过程

一、欣赏琉璃工艺品和潘企群的作品。

1. 引导幼儿观察色彩混合以后产生的奇妙变化：一种颜色渐渐变化，产生了另一种不同的颜色。从艺术作品中选择自己喜欢的色彩。

教师：这是什么颜色？你喜欢哪种颜色呢？

二、尝试在黑卡纸上喷洒颜料或滴漏颜料，发现色彩的变化。

1. 引导幼儿认识水粉颜料，并介绍工具及其使用方法。

教师：这些是什么？（水粉颜料）和我们一起画画用的笔不一样，今天老师带来了一些特别的东西，是什么呢？（引导幼儿表达喷壶、勺子，如果幼儿不认识滴管，就直接介绍给幼儿，并告诉幼儿怎么用）

2. 鼓励幼儿尝试在黑色卡纸上喷洒颜料或滴漏颜料，并更换颜色，引导幼儿发现色彩的变化。

三、幼儿尝试在面具上喷洒颜色。

1. 出示白色面具。

教师：这些白白的面具好看吗？

师幼讨论：怎样让面具变得好看呢？

2. 教师示范把颜料洒在面具上，让幼儿再次观察颜料流淌的变化。

教师：请你用这些工具和水粉颜料，变出好看的颜色，变一个大花脸吧！

3. 幼儿操作：尝试使用各种工具，在面具上喷洒颜色。

教师引导幼儿关注颜料的流淌，欣赏色彩的变化。

四、作品欣赏。

教师帮助幼儿带上彩色面具，跟着音乐舞蹈，互相欣赏作品，体验成功的快乐。

主题活动四
可爱的我

主题活动四
可爱的我

主题意图

　　幼儿期是培养自我意识的重要时期，幼儿自我意识的发展对幼儿的心理活动和行为起着调节的作用，也是促进幼儿人格发展的重要因素。然而，由于现在的幼儿多是独生子女，成人对幼儿过分宠爱、给幼儿过多过细的照顾，造成了幼儿，特别是小班幼儿依赖性强、自觉性和独立性差的特点。他们常常以"自我"为中心，加上缺乏集体生活的经验，不会处理自己与他人的关系，遇事随心所欲、无所顾忌，表现得非常任性。因此，帮助幼儿形成初步的自我认识非常重要。

　　随着小班幼儿对自己的认知不断深入，他们开始关注自己的各个方面：外貌、身高、性别、属相、喜好……并开始从父母、老师和同伴对自己态度、方式来认识、评价自己。这个阶段的自我认知是幼儿自我意识发展的萌芽。

　　主题活动"可爱的我"是从一般的"我"和个别的"我"两个视角来帮助幼儿认识自己的。因此活动多以游戏的形式让他们认识自己的身体并辨认自身的各个外部器官与部位，区别自己与他人长得不同的地方，从而更正确地认识自己。通过活动，既让幼儿感知、认识每个人的共同的特性（头、躯干、四肢、五官等），又在比较中发现属于自己的"个体特性"。开展这个主题最重要的目的在于：在活动中帮助幼儿获得积极的自我体验，形成积极的自我意识，能接纳自己，肯定自己，喜欢自己。

主题目标

健康：

1. 能沿地面直线走一段距离。
2. 知道身体外形的主要特征（头、躯干和四肢）以及五官的构成等，有初步的自我保护意识。

语言：
1. 愿意说出自己的名字、喜好等，必要时加以手势动作表达自己的想法。
2. 学会正确翻阅图书的方法，爱护图书，不乱撕乱扔。

社会：
1. 知道每个人都有一个好听的名字。
2. 知道自己的性别，喜欢自己。
3. 愿意与同伴共同游戏，遇到困难时不要长时间哭闹。

科学：
1. 感知物体高矮等方面的特征。
2. 学习运用多种感官观察（眼睛、耳朵、鼻子、嘴巴）探索周围世界。
3. 通过观察，发现自己和别人的相同与不同之处（外貌，性别等）。

艺术：
1. 能用水彩笔、油画棒、油泥等工具表现简单的人物形象。
2. 能模仿学唱简短歌曲，体验参与歌唱活动的快乐。
3. 感知韵律活动的旋律、节奏，能跟随熟悉的音乐做身体动作。

主题网络图

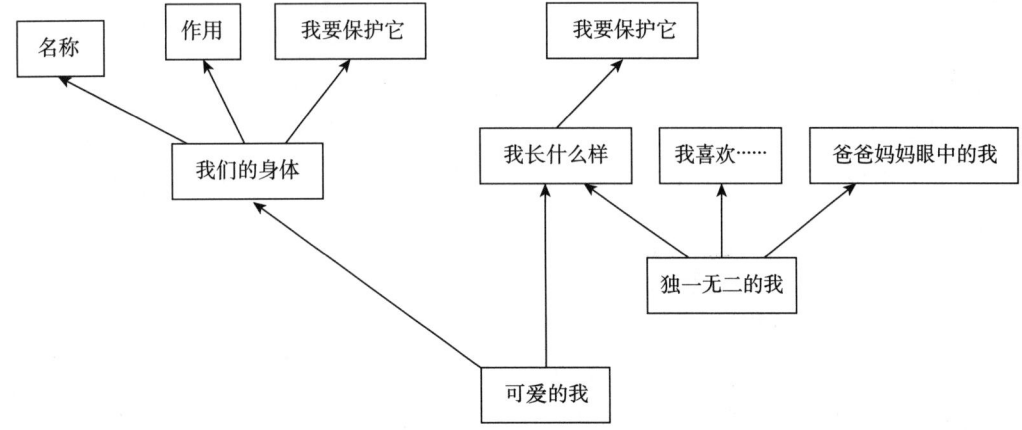

环境创设

1. 教师与幼儿一起布置主题环境，以幼儿制作的自画像为环境的主要内容。

2. 在活动室布置主题墙"可爱的我"，采用文字配合图片的形式，呈现幼儿对身体的认识，感受和发现自己与他人的不同，配合幼儿的艺术创作，表现主题活动的脉络。

3. 在艺术区域、认知区域、健康区域中投放相应的操作材料，让幼儿充分感受、体验，巩固对自己身体的认识以及感受、表现自己与别人的不同。如：在美工区为幼儿准备空白的人物轮廓，鼓励幼儿在人物脸上添画五官；在认知区布置"我是男孩""我是女孩"墙面，让幼儿学习区分自己的性别；在图书角提供有关认识五官、人体的图画书、收集有关幼儿成长的图片及自制的《我的小书》，供幼儿浏览、交流。

4. 收集不同人种、不同年龄段人物的图片，帮助幼儿感知、比较不同人的特点。将大班哥哥姐姐的人物绘画作品或一些大师的人物肖像作品布置在美工区，供幼儿欣赏，丰富幼儿人像绘画的经验。提供多种绘画（手工）工具，激发幼儿创作、表达的愿望。

三方互动

教师——通过观察活动，引导幼儿了解五官、四肢的名称和位置，帮助幼儿了解保护身体的一般常识。教师引导幼儿通过观察、比较来发现自己与他人的不同，帮助幼儿获得积极的自我体验，让幼儿形成积极的自我意识，接纳自己，肯定自己，喜欢自己。教师利用音乐、美工等艺术手段，引导幼儿大胆表现对自我的认识。在活动中，教师鼓励幼儿用自己喜欢的方式进行学习、活动，充分表现自己。

幼儿——愿意与同伴、老师一同分享、交流《我的小书》。愿意运用自己的各种感官感知物体，在感知的过程中逐步了解自己的身体及其作用，知道一些保护自己身体的方法，有保护自己身体的意识。愿意在艺术活动中大胆表现对自我的认识。

家长——协助教师，引导幼儿发现自己与同伴的不同之处（姓名、性别、身高、体重、属相、生日、家庭住址、爱好等），共同制作《我的小书》。家长在家配合幼儿园教育，引导幼儿在家做一些力所能及的事情，如：分筷子、搬小椅子、吃饭、穿衣服等。家长关注幼儿的个人卫生情况，提醒幼儿在饭前便后洗手，以及饭后漱口、睡前刷牙，帮助幼儿逐步养成良好的卫生习惯。

特色活动

	活动	活动准备	指导要点	参与幼儿
户外活动	踩影子	选择阳光明媚的上午	发现自己和同伴在阳光下的影子，在跑动中发现影子的变化	本班幼儿
	种植园地观察	种植园地的植物	观察班级种植园地里植物的生长变化并讲述、照顾植物	本班幼儿
语言活动	尿床	绘本《小熊宝宝绘本》之《尿床》或PPT	阅读有趣的尿床故事，知道如何避免尿床	本班幼儿
	抱抱	绘本《抱抱》或PPT	感受图画书中妈妈与宝宝之间浓浓的爱	本班幼儿
	云朵面包	绘本《云朵面包》或PPT	感受云朵做成面包的有趣的故事情节	本班幼儿
	小豆芽就是我	绘本《小豆芽就是我》或PPT	观察图画书的画面，在故事中寻找惊喜	本班幼儿
音乐活动	表情歌	幼儿已经学习过歌曲	能有表情地演唱歌曲，边唱边做动作	本班幼儿
	小朋友散步	钢琴	能随音乐玩游戏，根据乐曲的变化做相应的动作	本班幼儿
	网小鱼	渔网一个，小鱼头饰若干	学唱歌曲，能随乐做小鱼游的动作，愉快参与游戏	本班幼儿

主题活动四 可爱的我 | 113

区域活动

	活动与指导要点	幼儿发展目标	材料与层次
建构区	活动：搭小桥 指导要点： 1．学习用平铺的技能搭小桥； 2．能选择合适的材料搭建小桥	尝试运用平铺和架空的技能建构小桥	材料：各类木质积木、奶粉罐、积塑、自制小树、汽车等 层次一：在教师的帮助下，运用各种材料建构小桥； 层次二：能模仿图示，学用架空的技能搭一座桥； 层次三：能选择同种材料进行架空，注意到桥的稳定性
生活区	活动：穿、脱衣服 指导要点： 1．能够分清衣袖的正反； 2．学习翻衣袖的方法	能自己穿、脱衣服	材料：衣服若干，穿衣步骤图 层次一：能看懂穿衣步骤图，会将上衣往后抛，双手依次伸进去； 层次二：分清衣服的正反，学会翻衣袖； 层次三：尝试按步骤穿好衣服拉上拉链，整理好服装
	活动：喂娃娃吃饭 指导要点： 尝试用不同的勺子给不同大小的嘴巴喂食物	能手眼协调地喂娃娃吃饭	材料：不同大小的勺子，嘴巴大小不同的娃娃，不同质地、不同形状的材料 层次一：能用不同大小的勺子喂不同的娃娃吃饭； 层次二：尝试用不同的勺子选择不同的材料给娃娃喂饭
美工区	活动：爸爸，妈妈（绘画） 指导要点：使用油画棒或水彩笔画自己的爸爸妈妈，巩固人物绘画的方法	尝试使用线条表现人物的外貌特点	材料：画有大相框的大纸，画笔 层次一：能用简单的线条表现人物的特征； 层次二：能抓住爸爸妈妈的人物特点，并用绘画的方式表现出来

续表

	活动与指导要点	幼儿发展目标	材料与层次
美工区	活动：帽子（折纸） 指导要点： 1. 愿意跟着教师进行折纸活动； 2. 迁移折杯子的经验进行折帽子活动	看懂图示，学习按步骤折纸	材料：各色正方形的纸、折法图示 层次一：能在教师或同伴的帮助下折出帽子； 层次二：能看懂帽子的折法，尝试模仿已经折好的帽子折纸； 层次三：学习观察折法图示，探索帽子的折法
	活动：头发（撕贴） 指导重点： 1. 将纸片撕成长条，制作头发； 2. 用胶水将撕好的长条贴成头发的样子	能撕出长条，锻炼手部肌肉的灵活性	材料：孩子（卡通的）的脸部图片、废旧杂志、胶棒 层次一：能撕出长条贴在娃娃的头部； 层次二：会撕粗细、长短不同的长条作为头发； 层次三：尝试制作不同的头发造型
	活动：贴五官 指导要点： 1. 通过观察自己的五官位置，了解面部特征； 2. 尝试用不同的表情图片来贴五官，感受不同的情绪	认识五官，知道五官的位置	材料：镜子、脸的轮廓图、不同表情的五官图片 层次一：能将五官摆放到正确的位置； 层次二：通过观察，用不同的五官贴出有趣的表情
益智区	活动：找一样多的 指导要点： 1. 能将点卡和实物卡片进行匹配； 2. 养成良好的数学活动的学习习惯	3以内数量的实物匹配	材料：水果和蔬菜的实物卡片，分类盒 层次一：能积极地参加操作活动，会点数数量1~3； 层次二：能将数量相同的实物卡片匹配； 层次三：能按数量多少先排序实物卡片，再匹配数量相同的另一组卡片
	活动：量量有多高 指导要点：能按物体的高矮进行排序	感知物体的高矮并排序	材料：高矮不同的娃娃、房子等图片、排序板 层次一：发现物体的高矮变化，尝试进行排序； 层次二：能按顺序给两个物体进行高矮排序； 层次三：能按顺序给三个物体进行正逆排序

主题活动四 可爱的我 | 115

续表

	活动与指导要点	幼儿发展目标	材料与层次
探究区	活动：奇妙的箱子 指导要点：能用触觉感知物体并分类	能用多种感官感知物体，获得通过触觉判断箱中物体的经验	材料：奇妙的箱子一个，各种质地的材料如：海绵、石头、塑料制品、木质品等 层次一：能大胆在箱子里寻找物品，并描述摸到的感受； 层次二：能大胆参与活动，用较完整的语言描述触摸的感受，猜测物体的名称； 层次三：能猜测物体的名称，描述触摸物体的感受，并将摸出的物品进行分类
	活动：闻一闻 指导要点：闻一闻多个嗅瓶中的气味，说出感受，以图标匹配记录	能通过嗅觉辨别不同气味，说出感受	材料：嗅瓶内装大蒜、香水药棉、酒精药棉、醋、香油等气味源。代表不同气味的图标，记录底板 层次一：对嗅瓶好奇，愿意反复尝试闻一闻； 层次二：闻一闻，辨别是什么东西的气味，说出感受； 层次三：以图标匹配气味，寻找相同气味匹配
	活动：玩水 指导要点： 1．喜欢玩水，体验水可以流动、无色透明等特点； 2．观察、发现玩水过程中出现的简单现象，愿意用语言表达自己的发现	在玩的过程中发现水的不同特性	材料：玩水的工具、水盆或水池 层次一：喜欢玩水，尝试用不同的工具玩水； 层次二：使用水桶、漏斗等工具玩盛水游戏，发现水会流动； 层次三：能主动探索各种玩水材料，用简单的词语说说自己的发现
阅读区	活动：在澡堂里认识身体 指导要点： 1．阅读故事，进一步加深对自己身体的认识； 2．愉快地感知故事情节，学习正确地翻页	在阅读活动中认识身体部位	材料：故事图片、《洗澡歌》音乐 层次一：愉快地感知故事情节，学习正确地翻页； 层次二：阅读故事，进一步加深对自己身体的认识； 层次三：能对应故事情节，以表演的形式指认出自己的身体部位

续表

	活动与指导要点	幼儿发展目标	材料与层次
阅读区	活动：我的小书（阅读） 指导要点： 1．能大胆介绍自己的特点； 2．能通过小书中的提示，向别人说出自己的喜好	边阅读边介绍自己	材料：自制图书 层次一：能一页一页翻看图书，边看边表述； 层次二：能轻轻翻书，把书中的内容说给同伴听
	活动：奇妙的感觉 指导要点： 观察图片上的内容，讲述自己的发现	细致观察图片内容并讲述	材料：《奇妙的感觉》《动植物百科》等有大幅单张图片的图书 层次一：喜欢阅读各种单张大幅图书； 层次二：能边看边讲述自己的发现
扮演区	活动：娃娃家 指导要点： 1．幼儿乐意操作各种娃娃家的材料； 2．能用语言、动作再现爸爸、妈妈照顾小朋友的情景，尝试与同伴进行交往	明确家庭中的角色和分工	材料：娃娃、餐具、炊具、食品等 层次一：正确使用游戏材料，能够轻拿轻放玩具； 层次二：明确自己所扮角色的简单职责，并能说出对方所扮角色的称谓，如"他是爸爸，她是妈妈"； 层次三：能互相去做客，知道一些简单的待客礼仪

集体教学活动

第一周	第二周
1．在澡堂里认识身体（语言）	1．指五官（语言）
2．身体总动员（健康）	2．我会长大（数学）
3．小猫去钓鱼（体育）	3．表情歌（音乐）
4．头发、肩膀、膝盖、脚（音乐）	4．尖尖的物品要躲开（健康）
5．我（美术）	5．可爱的我（社会）

第一周　活动一　在澡堂里认识身体（语言）

活动目标

1. 感受小熊和爸爸共同洗澡的有趣情节，进一步加深对自己身体的认识。
2. 通过自由阅读、语言游戏等理解故事，丰富拟声词，如"咕噜咕噜""咕吱咕吱"。
3. 喜欢阅读绘本故事，学习正确地翻页。

活动准备

物质准备：1. 绘本《在澡堂里认识身体》；2.《洗澡歌》音乐。

经验准备：对身体外形结构有初步认识。

活动过程

一、游戏：指鼻子。

教师在游戏中可以先从脸部的五官指起，再不断扩展到整个身体的部位。

二、教师和幼儿共同阅读绘本。

1. 引导幼儿观察画面。

教师：这本书讲了谁的故事？什么故事？

2. 师幼共同静静地读书。在阅读的过程中，教师提醒幼儿一页一页轻轻翻页，轻声与同伴交流。

3. 幼儿自主阅读，教师与个别幼儿进行交流。

4. 启发幼儿找一找"我最喜欢的地方在哪里"。

5. 师幼共读绘本故事。当幼儿说出自己最喜欢的某一页时，大家一起翻到这一页读一读。

三、集体阅读，学习拟声词。

1. 教师：小熊和爸爸是怎么洗澡的？有哪些好听的声音发出来？

2. 幼儿学学小熊洗澡的样子，找到身体中的相应位置，并说说拟声词。

四、玩一玩：大家来洗澡。

教师播放音乐，在音乐声中，引导幼儿边做动作边自由地说一说书中的语言。（如："擦一擦肥皂，咕嘟咕嘟地冒泡泡"；"洗肚子，咕吱咕吱"）

活动建议

1. 活动后，可在娃娃家准备小盆、肥皂、毛巾、塑料娃娃，请幼儿给娃娃洗澡。

2. 童话中的拟声词非常有趣，可以在活动后进行有关拟声词的听说游戏，引导幼儿寻找生活中的拟声词。

活动二 身体总动员（健康）

活动目标

1. 认识身体外部的主要部位（头、躯干、手臂、手、腿、脚），初步了解它们的作用。
2. 大胆地用身体动作进行表现，感受肢体语言的趣味性。
3. 在游戏中增强对身体认识的兴趣。

活动准备

物质准备：1. 有镜子的活动室；2. 可活动的玩具娃娃一个；3. 照相机一部。

经验准备：初步了解自己的身体。

活动过程

一、观察娃娃，初步认识人体外部的主要部位。

1. 出示娃娃，幼儿向娃娃问好。

教师：今天，老师带来一位新朋友，我们来认识一下她。先向她问个好吧！

2. 教师和幼儿逐一认识娃娃的身体部位。

教师：娃娃长得什么样？我们一起来看看！

观察要点：引导幼儿从上到下（头—躯干—手臂—手—腿—脚）有序地观察娃娃的身体部位。

3. 幼儿通过游戏的方式，认识自己的身体。

（1）幼儿照镜子，指出自己相应的部位。

幼儿照镜子指出自己的五官及身体部位，一边碰一碰身体相应部位，一边说一句完整的话："这是我的手臂！"

（2）教师带领幼儿作"点鼻子点眼睛"的游戏，要求幼儿迅速准确地指出五官及身体部位。听到老师的口令，就摸一下口令所对应的身体部位，并说一句完整的话，如："我的手臂在这里！"

4. 小结：我们每个人都有头、躯干、手臂、手、腿和脚，有了它们，我们才完整。

二、了解手和脚的主要作用。

1. 教师：你们知道手和脚有什么作用吗？它们可以做哪些事情？
2. 引导幼儿说说，再做做动作。
3. 小结：小手和小脚都很能干，可以帮我们做很多事情。

三、游戏：大家来拍照。

1. 幼儿自由地摆出各种身体动作，教师给幼儿拍照。

2. 教师发出指令，幼儿根据要求用身体动作表现小鸟、大象、蝴蝶、青蛙等，教师给幼儿拍照。

3. 大家欣赏照片。

活动建议

继续尝试用身体进行造型，也可做手影造型。

活动三　小猫去钓鱼（体育）

活动目标

1. 能沿地面直线行走 5 米。

2. 在游戏情境中练习走直线。

3. 愿意参与游戏，体验通过努力获得成功的快乐。

活动准备

物质准备：1. 小猫胸饰；2. 自制小鱼若干条；3. 钓鱼竿若干；4. 拱形门两个。

场地布置图：

```
[小猫家]————————————————(池塘)
```

经验准备：幼儿有一个跟着一个走的经验。

活动过程

一、准备活动。

1. 幼儿模仿小猫四散在场地中间走跑交替：快走、慢走、大步走、小步走、"高人"走、"矮人"走，小跑。

教师：小猫们，让我们一起去草地上做游戏吧！

2. 小动物模仿操。幼儿模仿不同小动物走路。鸭子（头部运动）、猴子（上肢运动）、企鹅（体转运动）、大象（全身运动）、青蛙（跳跃运动）、小猫（整理运动）。小鸭子嘎嘎嘎，游来游去嘎嘎嘎；小猴子爱爬树，爬上爬下爬爬爬；小企鹅会摇摆，走起路来摆啊摆；大象鼻子长，甩来甩去真是长；小青蛙呱呱呱，跳上跳下呱呱呱；小猫咪喵喵喵，捉到老鼠喵喵喵！

二、基本部分。

1. 创设情境，激发幼儿活动的兴趣。

教师扮演猫妈妈交代游戏规则。

教师：孩子们，今天我们要去池塘钓鱼，这里是通往池塘的小路，等会儿你们要沿着地面上的线走到池塘边哦！

2. 幼儿自由尝试在直线上行走。

3. 游戏：小猫钓鱼。

（1）幼儿模仿小猫一个跟着一个沿地面直线从家走向池塘，来到池塘后用鱼竿钓鱼，钓完一条鱼从草地两边走回家。

（2）请幼儿自主游戏1~2次，教师提醒幼儿按照直线行走，不在线外行走。

（3）增加游戏情境，小猫沿小路（直线）走一段距离后要钻过山洞（拱形门）才能到达池塘。

（4）幼儿继续游戏2~3次。

三、结束部分。

1. 游戏：彩虹伞上快乐多。

幼儿躺在彩虹伞上，由几位教师一起在边上上下晃动彩虹伞，让幼儿在游戏中放松。

活动建议

1. 在晨间活动中，增加沿地面直线走的游戏，增强平衡能力。

2. 沿直线走的线路可以根据场地因地制宜地进行调整，可以是一条直线，也可以是多条直线。

活动四　头发、肩膀、膝盖、脚（音乐）

活动目标

1. 熟悉身体各部位名称，能按音乐节奏与歌词进行动作表演。
2. 通过游戏、图片、语言提示等熟悉歌词的顺序，并按歌词内容进行表演。
3. 感受利用身体部位表演律动的快乐。

活动准备

物质准备：全身娃娃的图片。

经验准备：认识并熟悉歌曲中涉及的身体部位的名称。

活动过程

一、音乐游戏"小手爬"。

1. 教师：小手爬，都爬到哪些地方了？

2. 教师：头发在哪里？摸摸有什么感觉？肩膀、膝盖、脚在哪？眼睛、耳朵、鼻子和嘴呢？它们都在哪儿，我们一起摸一摸。

二、游戏"我来说你来做"，感知歌曲的节奏和歌词。

1. 教师念歌词，幼儿按节奏和歌词做动作。

2. 教师和幼儿随着旋律一起边说边做动作。

三、学习歌曲《头发、肩膀、膝盖、脚》。

1. 教师有感情、清晰地范唱2遍。

2. 幼儿和教师一起尝试演唱。

3. 逐渐加快节奏，鼓励幼儿积极大胆地表演。

四、随音乐进一步感知身体的其他部位，知道要保护好自己身体的每个部位。

教师：我们还可以把身体的哪些部位编进歌曲中？

小结：今天我们和自己的身体一起表演歌曲，很高兴！我们要好好保护自己的身体，因为我们身体的每个部位都很重要！

活动建议

在表演区，可以提供乐曲，让幼儿多次听音乐进行游戏，也可在餐前等过渡环节进行游戏。

附：头发、肩膀、膝盖、脚

$1=C \ \frac{2}{4}$

| 5. 6 5 4 | 3 4 5 | 2 3 4 | 3 4 5 |
| 头 发、肩 膀、| 膝 盖、脚，| 膝 盖、脚，| 膝 盖、脚。|

| 5. 6 5 4 | 3 4 5 | 2 2 5 5 | 3 3 1 |
| 头 发、肩 膀、| 膝 盖、脚，| 眼 睛、耳 朵、| 鼻 子、嘴。|

活动五 我（美术）

活动目标

1. 了解自己的五官，并尝试使用线条表现自己的外貌特点。
2. 通过观察、触摸自己的五官位置，了解面部特征，大胆地表现。
3. 能积极参与到活动中，体验绘画活动带来的乐趣。

活动准备

物质准备：1. 每人一面小镜子；2. 勾线笔、纸等操作材料人手一份。

经验准备：愿意自己用笔进行绘画。

活动过程

一、幼儿两人一组，相互看一看，说一说。

教师：请小朋友找一个好朋友，两人一组，说说脸上有哪些器官，它们有什么用。

教师根据幼儿的讲述进行小结。

二、观察镜子里的"我"，引导幼儿从上往下观察比较。

1. 看看镜子里的自己，问候自己一声。

教师：镜子里是谁？喜欢自己的模样吗？朝他笑一笑，做做鬼脸。

2. 仔细观察面部五官，发现自己与同伴的不同。

引导幼儿从上往下有序地看一看，注意头发的样式、脸部各部分的特征。

教师：脸上有什么？你的头发是什么样的？说说自己的脸形、眼睛、发型等有什么特点。

3. 触摸自己的五官，感知眼睛、眉毛、鼻子、嘴巴、耳朵的形状和位置。

4. 尝试对着镜子做出不同的表情，观察五官的变化。

教师：小朋友笑一笑，照照镜子，看看你笑的时候五官有哪些变化，眼睛有什么变化，嘴巴有什么变化。

三、幼儿根据镜子中自己的模样，画一张可爱的小脸。

1. 幼儿边看镜子边进行绘画，教师帮助个别有困难的幼儿。

重点指导：完整地表现五官、头发的样式。鼓励能力强的幼儿表现出不同表情的自己。

四、展示幼儿作品，共同欣赏。

教师：小朋友画得怎么样？

教师引导幼儿观察自己个性化的表现内容，在欣赏中相互交流。

活动建议

1. 活动延伸：根据幼儿的兴趣与能力，可以组织幼儿给自己的同伴画像。
2. 在美工区提供一些五官操作卡片和各种各样脸的模型，让幼儿进行五官粘贴活动。

第二周　活动一　指五官（语言）

活动目标

1. 尝试用"××在××上面""××在××下面""××在××中间""××在××两边"等句型表述五官在脸部的具体位置。
2. 能听懂教师的口令，做出相应的动作。
3. 体验和同伴一起玩语言游戏的快乐。

活动准备

物质准备：1. 面部轮廓图；2. 五官的图片。

经验准备：对自己脸上的五官位置有正确认识。

活动过程

一、通过猜谜的形式，激发幼儿参与活动的兴趣。

教师：今天我们一起来玩猜谜语的游戏，猜一猜我们身体上的一些器官！

教师：什么器官闻香味？什么器官吃食物？什么器官听声音？什么器官看颜色？

二、出示面部轮廓图。幼儿说五官，教师画五官。

教师引导幼儿用"……在……上面/下面/中间/两边"的句子表述。

教师：今天老师给你们带来一个新朋友，请你们看看她怎么了？

教师：哦，她的五官不见了，现在我们一起来帮她把五官找回来。

教师：什么在脸的上面？什么在脸的中间？什么在脸的下面？什么在脸的两边？

三、游戏：找找什么不见了

教师：哇，小朋友们帮新朋友把五官都找回来了，她可高兴了。她想和你们一起来玩一个捉迷藏的游戏。

教师：现在请你们把小眼睛闭上。老师说完1、2、3后，请小朋友睁开眼睛仔细看一看我们的新朋友脸上少了什么。

教师：嘴巴上面的什么不见了？小朋友要用完整的句子回答哦。

教师：在眼睛下面的什么不见了？

教师：对了，我们可以说在嘴巴上面的鼻子不见了，也可以说在眼睛下面的鼻子不见了。

如同以上步骤，再找其他的面部器官，游戏2～3遍。

四、游戏：指五官。

1. 教师介绍游戏的玩法。

指导要点：教师说出一个五官的名称，请幼儿迅速地指出。幼儿指出后，尝试用"……在……上面""……在……下面""……在……中间""……在……两边"等句型表述五官在脸部的具体位置。

2. 幼儿游戏2～3遍。

活动二　我会长大（数学）

活动目标

1. 能够初步观察、感知自己的成长照片，按生长顺序进行排序。
2. 初步感知动植物的成长变化，感受成长的快乐。
3. 积极参与操作活动，能边排列图片边讲述内容。

活动准备

物质准备：1. 收集幼儿不同时期的照片三张；2. 各种动植物的生长图片若干。

经验准备：知道人、植物、动物都是在慢慢长大的。

活动过程

一、导入活动，欣赏人从小到大的生长视频，帮助幼儿了解人的成长变化。

1. 教师播放视频，引导幼儿观察人的生长过程。

2. 讨论、小结：原来我们每个人从生下来到长大，都是在不断成长、变化的。

二、欣赏幼儿收集的成长照片，学习按照生长顺序排列图片。

1. 欣赏一组照片，帮助幼儿感知成长过程。

教师：照片上的人是谁？这些分别是多大时候的照片？

2. 引导幼儿观察照片，并请照片的主人说一说照片上的自己几岁了，在干什么。（鼓励幼儿相互欣赏和介绍）

3. 引导幼儿给照片排序。

教师：你能将他的照片按照从小到大的顺序排一排吗？

4. 引导幼儿按"新生儿—学步儿—幼儿期"的顺序排照片，再按顺序说一说成长过程。

三、幼儿操作活动——"我长大了"。

1. 介绍操作活动。

教师：你能将你的照片按照年龄从小到大的顺序排一排吗，并且说一说自己的成长过程。

2. 幼儿各自进行操作活动，教师巡回指导，引导幼儿用语言说一说。

3. 教师和幼儿共同小结：我们生下来时是小宝宝，慢慢长大，个子长高了，会走路了，再长呀长呀，个子更高了，会很多本领。

四、活动拓展——动植物的成长变化。

1. 教师：除了我们小朋友，还有谁和小朋友一样也在慢慢长大？

2. 教师出示小蝌蚪、萝卜等的生长图片。

教师：你知道它们是怎样长大的吗？

3. 教师与幼儿共同讲述、排一排动植物生长顺序图片。

4. 教师与幼儿共同小结。

活动建议

1. 动植物生长图片的提供应根据幼儿的生活经验，选择幼儿熟悉的动植物。

2. 教师可带领幼儿观察自然角中饲养的动植物的生长变化，感受它们的生长过程，并制作相应的操作材料，让幼儿摆一摆，说一说。

3. 可在益智区提供一些动植物生长的顺序图片、排序卡，供幼儿进行操作。

活动三　表情歌（音乐）

活动目标

1. 学习用不同的速度和表情演唱歌曲《表情歌》。

2. 借助动作、图片来记忆歌词。

3. 乐意参与集体演唱活动，感受表情的变化。

活动准备

物质准备：不同表情的图片各一张。

经验准备：会根据成人的要求做出不同的表情、动作。

活动过程

一、复习歌曲《头发、肩膀、膝盖、脚》。

二、节奏练习。

教师：我们先做一个小游戏"请你像我这样做"，看谁节奏拍打得最好！

（师）请你像我这样做（拍手 × × | × × × |）

（幼）我就像你这样做（拍手 × × | × × × |）

（师）请你像我这样做（跺脚 × × | × × × |）

（幼）我就像想你这样做（跺脚 × × | × × × |）

三、学唱歌曲《表情歌》。

1. 出示图片，引起幼儿兴趣。

教师：这个小朋友脸上是什么表情？（笑，高兴）他遇到什么事会高兴呢？你高兴的时候会做什么动作？

教师：小朋友在高兴时眼睛会眯成一条缝，嘴角向上翘着。一起来学一学快乐的表情！

教师：请跟老师一起说"我高兴我高兴，我就拍拍手（× × | × × ×），我就拍拍手（× × | × × ×），看大家一起拍拍手（× × × | × × × | × × |）"。

幼儿听教师范唱歌曲第一段。

2. 幼儿随音乐尝试演唱第一段。

3. 出示难过的图片，尝试讨论第二段歌词。

教师：这个小朋友怎么了？他遇到什么事会难过呢？你难过时会做什么动作呢？

教师：有好多的小朋友都说难过时会跺跺脚！和老师一起来说"我生气我生气，我就跺跺脚（× × | × × ×），我就跺跺脚（× × | × × ×），看大家一起跺跺脚（× × × | × × × | × × |）"。

4. 幼儿尝试演唱第二段歌词。

幼儿尝试用不同的演唱方式表现"高兴"和"难过"。

教师："我"高兴的时候，应该怎样唱？"我"难过的时候，又应该怎样唱？

5. 幼儿有表情地演唱整首歌曲。

四、尝试创编新动作。

教师：高兴时（难过时、生气时）还可以用什么方式来表示呢？

幼儿尝试创编新动作，并进行表演。

附：表情歌

1=C 2/4

张友珊 词
汪 玲 曲

| i̲ 6　6̲ | i̲ 6　6̲ | i̲ 6　6̲ 4̲ | 5　6 | x　　x |

我 高　兴 我 高　兴， 我 就 拍 拍　手。 （拍　　手）

| x　x　x | 5̲ 3̲ 3̲ 1̲ | 2　3 | x　　x | x̲　x̲　x |

　　　　　　我 就 拍 拍　手。 （拍　　手）

| i　3̲ 4̲ | 5　4 | 3̲ 2̲ 1 | x　　x | x̲　x̲　x ‖

看　大 家　一　起　拍 拍 手。 （拍　　手）

活动建议

在表演区，可以提供幼儿音乐，让幼儿进行表演。

活动四　尖尖的物品要躲开（健康）

活动目标

1. 知道生活中有许多尖利的东西会伤害我们的身体。
2. 通过倾听故事、观看情境表演等了解如何避免尖利物品伤害自己的身体。
3. 有初步的自我保护的意识，不做危险的事情。

活动准备

物质准备：1. 各种尖利的物品，如笔、剪刀、树枝、筷子等；2. 动物手偶。

经验准备：对生活中尖利的物品有初步了解。

活动过程

一、幼儿听故事《小猴哭了》。

1. 教师出示带尖头的笔，引导幼儿讨论。

教师：为什么笔尖碰到小猴的眼睛，它会大哭？（尖尖的东西会戳破我们的身体，导致流血。尖利的东西对眼睛的伤害特别大，会让我们的眼睛看不见的）

2. 与幼儿一起讨论：你们还见过哪些东西是尖尖的？

小结：尖利的东西有很多，刀、笔尖、大头针等（幼儿每讲一样物品教师就拿出一样，展示给幼儿看）

二、观看手偶表演，学习避免危险和伤害的方法。

请幼儿观看表演，每段表演后让幼儿讨论：怎样才能避免让自己受伤害。

情境一：小猴拿树枝和小朋友打打闹闹，树枝不停地在小朋友的眼前晃来晃去。

教师：小猴这样做，会不会受伤？为什么？我们要怎么帮助小猴，让他和其他小朋友不受伤呢？

情境二：小兔一边望着窗外，一边用剪刀剪纸。

教师：小兔这样做，会不会受伤？为什么？如果你是小兔，你会怎么使用剪刀呢？

情境三：小鹅拿着筷子和小朋友追跑。

教师：小鹅这样做，会不会受伤？为什么？我们要怎么帮助小鹅，让他和其他小朋友不受伤呢？

三、教师小结。

教师：我们在生活中要正确使用这些尖利的物品，不要拿尖利的物品和同伴打闹，发现有同伴拿时要学会躲开它们。

活动建议

日常生活中，在幼儿使用笔、剪刀等尖利物品时，要及时提醒他们注意安全。

附：故事

小猴哭了

幼儿园里，调皮的小猴和伙伴们一起在画画。画着画着，小猴用笔在旁边的小鸭的脸上点了一点。看着小鸭的脸，小猴哈哈大笑。小鸭很生气，也在小猴的脸上画了一笔。他俩你画过来，我画过去。突然，小猴"哇哇"大哭起来。原来是小鸭不小心把笔戳到小猴的眼睛里。

活动五　可爱的我（社会）

活动目标

1. 能大胆地向大家介绍自己的姓名、性别、爱好、特征等内容。
2. 倾听父母对自己的期望，感受爸爸妈妈对自己的爱和希望。
3. 体验与父母之间相亲相爱的情感。

活动准备

物质准备：邀请1~2位爸爸或妈妈来园参加活动。

经验准备：和父母完成经验调查表，家长写下对孩子的期望。（可以用文字、音频等形式）

活动过程

一、幼儿向大家介绍自己。

1. 教师：今天你们都带来了自己的照片，你们长得和别人一样吗？谁愿意来介绍一下自己？
2. 幼儿介绍可爱的我。

教师引导幼儿用完整的句式讲述。

教师：你是谁？叫什么名字？你是男孩子还是女孩子？长什么样？

3. 介绍自己最喜欢的游戏或者物品。

教师：你们除了长相有不同，还有什么地方不同呢？你最喜欢的游戏是什么？

二、听父母说说对自己的期望，感受父母对自己的爱。

教师：我们每一个人都是爸爸妈妈心中的乖宝宝。

1. 教师采访参与活动的家长。

教师：爸爸妈妈眼中的宝宝是怎样的？你们对自己的宝宝有什么希望？

2. 教师：听了爸爸妈妈说的话，你心里感到怎么样？
3. 幼儿倾听自己父母对自己的希望，并说说自己的感受。

三、师幼共同讨论，尝试用多种方法表达对爸爸妈妈的爱。

1. 教师：爸爸妈妈真的很爱我们，我们想对他们说些什么？做些什么呢？

（分享爸爸妈妈的经验调查表，幼儿聆听父母对自己的期望）

2. 幼儿用自己的方式表达对父母的爱。

教师：我们可以用什么方式表达对爸爸妈妈的爱呢？

四、幼儿为父母制作手工作品，送给爸爸妈妈。

活动建议

1. 可以分小组进行此活动。
2. 活动延伸：在阅读区让幼儿阅读绘本《抱抱》，进一步感受父母对孩子的爱。

主题活动五
点心甜又香

主题活动五
点心甜又香

主题意图

在幼儿园，幼儿每天下午起床后，都有一个时间段用于享用小点心。有的小点心是幼儿园自制的，有的小点心是在面包房买的。用心制作的点心不仅色香味俱全，而且精致小巧，让人赏心悦目。

小班幼儿由于各自家庭养育习惯不同，养成了不同的饮食喜好，"吃点心"虽是一个小小的环节，幼儿的差异性却较大。有的幼儿很快吃完了，举着手还要吃；有的幼儿对一些平时不常接触的食物，吃着吐着，慢吞吞，要吃好长时间。原因是：部分幼儿对各种食物都比较接纳；部分幼儿对一些食物特殊的口感不太接纳，表现出不喜欢吃这个，不喜欢吃那个。

为了合理选择和食用点心，我们以"点心甜又香"为主题，通过开展一系列参观、讨论、制作和游戏活动，使幼儿亲近食物，在食用点心时，建立良好的饮食习惯和用餐行为；同时点心也可以增添生活情趣，还可以帮助幼儿懂得吃点心前后要做好哪些卫生清洁工作，有意识地把饮食教育和卫生习惯结合起来，使幼儿在潜移默化中形成良好的习惯。

主题目标

健康：

1. 知道点心和主食不一样，喜欢参与制作点心，愿意品尝各种各样的点心，知道一次不能吃太多，也不能浪费食物。
2. 知道吃点心前要用正确的方法洗手，吃点心后愿意参与收拾和整理。
3. 能听懂指令，正确做出动作。
4. 能双脚交替上下楼梯。

语言：

1. 能用一句完整的话描述点心的形状、味道，能看图且明白图示的意思，尝试表述制作方法。
2. 去超市购买点心时，愿意和收银员阿姨对话。
3. 尝试用手指点图的阅读方法观察画面，理解故事内容。

科学：

1. 了解生活中常见的不同质地的点心，通过品尝和比较，能从名称、外形、味道、制作方法等方面感受点心的不同，尝试用语言进行表达。
2. 尝试根据事物的某些特征进行简单推测。如：闻到点心有水果的味道，它可能是甜的。
3. 能按物品的数量进行分类，并用相应的点卡表示物品的数量1~3。

艺术：

1. 尝试用团圆、压扁、卷、印等技能并选择多种材料制作、装饰小点心。
2. 了解美工区手工材料的摆放，参与手工制作后的收拾和整理工作。
3. 喜欢哼唱童谣，基本符合旋律，乐意参加集体舞，能按节奏做简单基本动作和模仿动作。

社会：

1. 知道自己家周边的点心店，积极参与外出参观、购买、制作点心。
2. 遇到困难时，能在成人的鼓励和帮助下，学会一些简单的处理方法。
3. 喜欢和同伴一起活动和操作。使用生活体验馆后参与整理和收拾。
4. 认识一些制作点心的人员，对他们表示感谢。

主题网络图

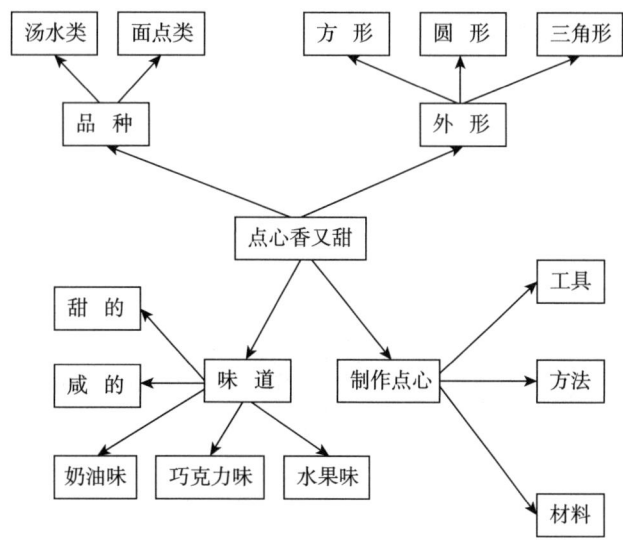

环境创设

1. 展示各种点心的主题墙，以健康点心为主，少用饼干。以自制食物和图片相结合的形式展出。

2. 根据主题发展进程确立若干板块，随着参观、讨论等各个活动的进程，记录幼儿活动场景及语言对话，展现幼儿的收获和经验。

3. 在班级设置点心制作区和品尝区，在墙面布置制作各种点心流程的图片，供幼儿观察、探索、制作、品尝。

三方互动

教师——和幼儿一起制作点心，在操作中调动幼儿对食物的喜爱。引导幼儿品尝不同口味的点心。将一些简单的进餐礼仪引入日常的活动，带领幼儿到厨房参观，感谢厨房老师为我们精心制作食物。向家长推荐健康的点心、食谱。了解幼儿园周边的点心店，带领幼儿参观并参与制作。引导家长积极参与到幼儿的点心制作中。

幼儿——愿意和家长共同寻找各种点心及图片，愿意将食物带到幼儿园里，与同伴分享。喜欢参与点心的购买、制作活动。购买过程中，在老师或家长的帮助下，能与成人简单交流。有良好的进餐礼仪和饮食习惯。

家长——家长协助幼儿共同收集关于各种各样点心、主食的图片，布置在教室墙面。在家中和幼儿共同制作健康的食物，增进亲子感情。积极参与家长志愿者的活动。督促幼儿在家或外出进餐时，要有良好的进餐礼仪和习惯。

特色活动

	活动	活动准备	指导要点	参与幼儿
健康大活动	擤鼻涕	盒装抽纸6盒	学会擤鼻涕的方法，知道擤鼻涕时用纸巾包好鼻子，稍稍用力 学会在自己的口袋里放餐巾纸或手帕，有良好的卫生习惯	本班幼儿

续表

	活动	活动准备	指导要点	参与幼儿
安全教育活动	消防安全		通过消防安全演习，让幼儿在紧急状况下能有序地通过安全疏散通道，知道遇到危险时能听从教师的指挥，做出基本的自救行为，增强幼儿的安全意识和保护能力	本年级幼儿
户外活动	粉笔画《点心》	人手一支粗粉笔	学会用粉笔在户外场地上画出点心的图案	一半幼儿
	点心店	幼儿园里的自然材料、碗、盘子、桌子、椅子	尝试用自然材料制作或替代点心，玩角色游戏点心店	一半幼儿
语言活动	要是你给老鼠吃饼干	绘本或课件《要是你给老鼠吃饼干》；与图画书相关的物品图片、圆形面板	尝试用手指点图的阅读方法观察画面，理解故事内容	本班幼儿
	古利和古拉	绘本或课件《古利和古拉》；与图画书相关的物品图片	尝试一页一页地翻阅，理解故事内容，养成爱动脑筋的好习惯	本班幼儿
	鼠小弟和松饼	绘本或课件《鼠小弟和松饼》；与图画书相关的物品图片	尝试用手指点图的阅读方法观察画面，理解故事内容，引导幼儿向书中的鼠小弟学习	本班幼儿
	苹果蛋糕	绘本或课件《苹果蛋糕》；与图画书相关的物品图片	尝试用手指点图的阅读方法观察画面，理解故事内容	本班幼儿
音乐活动	饼干歌	图片、音乐	能一边唱一边表演，尝试用轻巧的歌声表现歌曲的节拍特点	本班幼儿
	小老鼠和泡泡糖	音乐《小老鼠和泡泡糖》	能合拍地做老鼠走的动作并尝试探索泡泡糖黏在身体各部位的动作	本班幼儿
	拔萝卜	听过故事《拔萝卜》，音乐《拔萝卜》	通过游戏，熟悉歌曲的旋律与内容，懂得人多力量大的道理	本班幼儿

区域活动

	活动与指导要点	幼儿发展目标	材料与层次
建构区	活动：奶牛场 指导要点： 1．能围着3~5头奶牛成一个封闭的圆； 2．能选择合适的材料进行围合	能运用围合的方法建构	材料：各类木质积木、雪花片、各类大小不同的纸盒、积木 层次一：在教师的帮助下，运用各种材料进行围合； 层次二：能运用各种材料，围着奶牛围一个封闭的圆； 层次三：能选择同种材料进行围合
生活区	活动：好吃的三明治 指导要点： 1．知道制作三明治的方法，能用模具做出好看又好吃的三明治； 2．体验制作三明治的快乐，学会互相分享	清楚制作三明治的步骤	材料：切片面包、小番茄、果酱、小黄瓜、生菜、葡萄干等食材，牙签，模具，步骤图 层次一：在教师的帮助下，能按着步骤图制作三明治； 层次二：根据食材的提供，尝试自由搭配食材制作三明治； 层次三：制作好三明治能主动与人分享
美工区	活动：做饼干 指导要点： 1．能使用泥工工具制作圆形、三角形、方形的饼干，并压上花纹； 2．学习正确使用泥工板	会用团圆、压扁、使用工具做花纹等技能	材料：各种颜色的纸黏土、泥工板、各种各样的饼干图片、步骤图 层次一：在教师的帮助下，能按照步骤图制作各种形状的饼干； 层次二：能自己看步骤图学习制作各种形状的饼干； 层次三：能在步骤图的基础上有所创新地制作饼干
	活动：裱蛋糕 指导要点： 1．学习使用压花器，并用压出的图案装饰蛋糕； 2．能在成人的帮助下，进行大胆创造和装饰	使用压花器和花边剪刀	材料：各种形状的蛋糕模板图片，压花器，花边剪刀，彩色卡纸 层次一：愿意尝试用压花器和花边剪刀； 层次二：能用压花器和花边剪刀做出装饰材料； 层次三：用各种装饰材料把蛋糕装饰成自己喜欢的样子

续表

	活动与指导要点	幼儿发展目标	材料与层次
美工区	活动：绘画彩虹蛋卷 指导要点： 1. 尝试用棉签画出螺旋纹，表现出蛋卷的特点； 2. 体验绘画蛋卷的乐趣	用棉签绘画，发展小肌肉的灵活性	材料：棉签、水粉（红色、黄色、蓝色等），大画纸一张 层次一：尝试在画纸上用手指画出螺旋纹； 层次二：尝试用棉签蘸取水粉绘画蛋卷； 层次三：能独立使用棉签，运用不同的颜色绘画螺旋纹，表现出蛋卷的特点
	活动：穿项链 指导要点： 1. 学习用 AB 模式穿出美丽的项链； 2. 游戏后能主动收拾材料	感知物体的排列顺序	材料：颜色不同、形状不同的小珠 层次一：愿意探索"项链"的制作方法； 层次二：尝试用不同的颜色材料用 AB 模式制作"项链"； 层次三：尝试用不同颜色、不同形状的材料用 AB 模式制作"项链"
益智区	活动：蛋卷排一排（数学） 指导要点： 1. 能将蛋卷沿着固定的一边逐一摆放，比较它们的长短并按长短顺序排列； 2. 积极参与操作活动，能用简单的语言讲述物体的排列顺序	能按物体的长短差异进行排列	材料：长短不一的小棒（数量为3根）代替"蛋卷"，底板图（有红旗标记的） 层次一：认识底板图，知道从红旗的标记处给小棒排序； 层次二：能按从短到长或从长到短的顺序排列小棒； 层次三：排序正确，并能边排序边讲述排序过程
	活动：点心包装 指导要点： 1. 能按饼干的种类进行分类； 2. 能用简单的语言表达自己的操作过程	能按事物的一个特征进行分类	材料：分类盒，用黏土制作的圆形、三角形、正方形的饼干若干，形状标记，小筐 层次一：喜欢动手操作，知道玩后将材料放回原处； 层次二：能说出"饼干"的形状，准确辨认圆形、三角形、正方形； 层次三：能比较、观察不同"饼干"的形状，把形状一样的"饼干"放在一起

续表

	活动与指导要点	幼儿发展目标	材料与层次
探究区	活动：糖不见了 指导要点： 1．观察糖、盐、米等在水中溶解的情况及所发生的变化，并愿意用语言大胆表达自己的发现； 2．愿意积极探索，知道物体放在水里，有的会溶解，有的不会	感知溶解的现象，发现糖、盐、米等在水中的变化	材料：每人一小杯水、一个勺子；糖、盐、米、奶粉、沙子、豆子等；抹布若干 层次一：喜欢动手操作，知道玩后将材料放回原处； 层次二：能说出糖到哪里去了，发现溶解的现象； 层次三：能比较、观察不同的物体放在水里有的会溶解，有的不会
阅读区	活动：要是你给老鼠吃饼干 指导要点： 1．尝试用手指点画的阅读方式观察画面，理解故事内容； 2．学会一页一页地翻书	用手指点画的阅读方式观察画面，理解故事内容	材料：绘本《要是你给老鼠吃饼干》6本 层次一：喜欢看绘本，知道一页一页翻； 层次二：尝试用手指点画的阅读方式观察画面，进行阅读； 层次三：尝试用手指点画的阅读方式观察画面，理解故事内容
阅读区	利用iPad读故事：《鼠小弟和松饼》 指导要点： 1．尝试自己指图读故事； 2．仔细观察画面，大胆用语言表达出来	尝试用手指点图的阅读方法观察画面，理解故事内容	材料：iPad 2台、电子绘本《鼠小弟和松饼》 层次一：愿意尝试用iPad看故事内容； 层次二：会一页一页地翻电子图书； 层次三：尝试用手指点画的阅读方式观察画面，理解故事内容
扮演区	活动：点心店 指导要点： 1．能按游戏规则玩"点心店"游戏，会按别人的要求提供相应的点心； 2．能主动收拾游戏材料	按游戏规则玩点心店游戏，会按别人的要求提供相应的点心	材料：用黏土制作的圆形、三角形、正方形的饼干若干，托盘3个，点心盘6个，勺子6只，围裙3件 层次一：愿意玩"点心店"游戏，会把点心进行分类； 层次二：会按形状把点心摆放好，邀请客人品尝； 层次三：会按别人的要求提供相应的点心

续表

	活动与指导要点	幼儿发展目标	材料与层次
扮演区	活动：娃娃家 指导要点： 1．能按游戏规则玩"娃娃家"游戏，知道爸爸、妈妈的职责； 2．能主动收拾游戏材料	能按游戏规则玩"娃娃家"游戏，知道爸爸、妈妈的职责	材料：灶具、餐具、自制食物模型 层次一：愿意玩"娃娃家"游戏； 层次二：会当爸爸、妈妈，学习照顾孩子； 层次三：能主动当好爸爸、妈妈，照顾好孩子

集体教学活动

第一周		第二周	
1．	参观点心店（社会）	1．	食品袋上的小秘密（科学）
2．	好吃的点心（健康）	2．	吃点心的前和后（健康）
3．	要是你给老鼠吃饼干（语言）	3．	谁咬了我的大饼（语言）
4．	甜的和咸的（科学）	4．	搓蛋卷（美术）
5．	饼干歌（音乐）	5．	小老鼠和泡泡糖（音乐）
第三周			
1．	糖不见了（科学）		
2．	好吃的三明治（健康）		
3．	汉堡包（美术）		
4．	小孩小孩真爱玩（体育）		
5．	数数有几个（数学）		

主题活动五　点心甜又香 | 139

第一周　活动一　参观点心店（社会）

活动目标

1. 了解点心店里有各种各样的点心，知道点心师会制作各种各样的点心。
2. 尝试购买点心，知道点心店给生活带来方便。
3. 大胆地参与活动，主动与人交往。

活动准备

物质准备：1. 确定参观的地点、路线，并事先和点心店商定参观事宜；2. 教师准备一些零钱。

经验准备：幼儿有去过超市的经验。

活动过程

一、谈话活动，引发幼儿参观点心店的兴趣。

1. 教师：你和爸爸妈妈一起去买过点心吗？在点心店里你见到过哪些点心？待会儿我们就到点心店里看一看。

2. 教师带领幼儿前往点心店，提醒幼儿路上注意安全。

教师：我们在马路上走，要看红绿灯，走斑马线。要走在人行道上，不要在马路上追逐打闹。紧紧跟着老师或家长，不乱跑。

二、观察点心店里的各种点心。

1. 教师引导幼儿按顺序参观点心店，边看边说一说所看到的商品。

教师：看一看这是什么点心？它是什么样子的？

2. 请幼儿仔细观察点心师是怎样摆放各种点心的，让幼儿知道不同种类的点心要分别摆放，建立初步的分类概念。

教师：柜子的第一层里有哪些点心？第二层呢？……为什么要这样放？

3. 教师引导幼儿知道点心师会制作各种各样的点心。

教师：你们知道这些点心都是谁做的呢？我们来看看点心师制作点心。

教师：原来点心都是由点心师制作的，我们要谢谢他们。

三、幼儿在教师的带领下进行购物活动。

1. 引导幼儿观察营业员与顾客的对话。

教师：他们买点心的时候，说了些什么？

2. 师幼讨论：如果你要买东西，应该怎么说？

3. 请部分幼儿在教师的帮助下尝试购买点心。

四、参观活动结束，幼儿向营业员有礼貌地道别，教师带领幼儿回到幼儿园。

五、幼儿分享并品尝购买的点心。

活动建议

可以组织幼儿回园围绕参观活动进行讨论，加深对点心店的了解，并将购物经验迁移到角色游戏中。开展创造性游戏，在游戏中学习礼貌用语与怎样和顾客交往。

活动二 好吃的点心（健康）

活动目标

1. 知道在两餐之间可以吃点心，吃点心时一次不能吃太多。
2. 学习用多感官感知点心的多样性，初步了解点心和主食的区别。
3. 了解几种适合小朋友吃的点心，愿意以健康科学的方式吃点心。

活动准备

物质准备：1."参观点心店"的照片；2. 各种类型点心若干，分组摆放盘子中；3. PPT课件（多样的点心和主食的图片、点心的健康吃法）。

经验准备：参观过点心店。

活动过程

一、展示"去点心店购买点心"的照片，唤起经验。

教师：昨天我们去点心店看到了哪些点心？有哪些形状、颜色的点心？

二、观看课件，比较点心和主食的不同。

1. 教师：找一找，这些图片中你觉得哪些是点心？这些是点心吗？我们会在什么时候吃这些食物？

2. 教师：点心和主食是不同的，我们需要在不同的时间吃。

三、师幼讨论：怎样吃点心是有益身体健康的？

1. 教师：点心好看又好吃，还有不同的营养，我们在吃点心时要注意什么，让我们的身体更健康？

2. 进入情境，师幼讨论：什么时候吃点心？

情境一：午饭时间到了，小熊拿出饼干、面包、蛋卷等食物准备吃。

师幼讨论：午饭时间吃这些点心可以吗？午餐时应该吃什么？这些点心什么时候吃？

出示幼儿一天的食谱，幼儿讨论点心在什么时间吃。

教师：可以在两餐之间有点饿时吃些点心。

3. 进入情境，师幼讨论：吃多少点心？

情境二：小熊吃完午饭，吃了一块蛋糕，两个蛋卷，三块饼干。

师幼讨论：每次应该吃多少点心？小熊吃了这么多，好吗？为什么？吃多少才合适呢？

教师：每次吃点心不能吃太多。

四、品尝点心，感知点心的多种形状、颜色、味道。

1. 教师：今天，老师也带来了一些点心，你们看一看这些是什么点心？它是什么样子的？尝一尝是什么味道的？

2. 幼儿品尝点心，和同伴相互说一说自己吃的点心是什么味道的。

活动建议

1. 活动延伸：在益智区提供各种点心和主食图片，供幼儿分类，讲述它们的不同。

2. 在日常生活中提醒幼儿，特别是在家中，要合理安排饮食，控制好吃点心的量。

活动三　要是你给老鼠吃饼干（语言）

活动目标

1. 了解给老鼠吃饼干后发生的一系列情节，感受作品循环往复的幽默风格。
2. 尝试用手指点图的阅读方法观察画面，理解故事内容。
3. 愿意与同伴一同参与活动，感受阅读的快乐。

活动准备

物质准备：1. 绘本或课件《要是你给老鼠吃饼干》；2. 与图画书相关的物品图片、圆形面板。

经验准备：品尝过饼干和牛奶。

活动过程

一、猜测故事内容，激发兴趣。

1. 教师引导幼儿观看图书封面进行猜测。

教师：这是谁？他在干什么？你们喜欢这只老鼠吗？你们猜猜看给老鼠吃了饼干之后会发生什么事情呢？

二、阅读图书，理解故事内容。

1. 师幼共读绘本，通过观察画面内容理解故事。

（1）看看、讲讲故事。

教师：你在故事里看到了谁？老鼠都要了哪些东西，你还记得吗？

（2）幼儿带着问题倾听教师再次完整阅读故事。

教师：给了老鼠饼干，它要了什么？有了牛奶，为什么它要用餐巾呢？擦完嘴巴后，又会发生什么事？老鼠剪完头发地上变得怎样了？他这回会要什么？房间扫完了，接下来老鼠会干些什么呢？

2. 利用图示，帮助幼儿回忆故事内容。

（1）幼儿自主阅读图书。

教师：故事里的老鼠发生了哪些有趣的事呢？让我们自己去读一读吧。还记得怎样看书吗？

幼儿自由阅读图书，教师巡回指导幼儿一页一页翻书，用手指着图看书。

（2）师幼再次共读，边读边出示图片。

教师出示圆形面板，根据幼儿的观察、讲述，随着情节的推进，按照圆形路线依次贴上饼干、牛奶、麦管、餐巾、镜子、剪刀、清洁工具、水果、电视机、糖果等图片。

（3）师幼讨论：你喜欢这只老鼠吗？为什么？

三、拓展经验，结束活动。

1. 教师：如果你是小老鼠，你会要些什么呢？
2. 幼儿与同伴相互交流。

活动建议

将与图画书内容相关的物品和图片投放在语言区，让幼儿阅读和排图讲故事，延续活动。

活动四 甜的和咸的（科学）

活动目标

1. 通过品尝和比较，感受甜和咸的味道，知道点心有多种口味。
2. 能大胆地猜测，用简单的语言表达自己品尝后的感受。
3. 喜欢吃点心，丰富味觉感受。

活动准备

物质准备：甜甜的小蛋糕和咸咸的饼干、不同味道（水果味、巧克力味、奶油味等）的点心切成小块。

经验准备：吃过甜的和咸的食物。

活动过程

一、出示各种点心的图片，激发幼儿探索的愿望。

1. 教师：今天，老师带来了许多好吃的点心，看看有些什么？

2. 幼儿和教师欣赏点心的图片。

教师：你认识哪些点心？知道它们叫什么名字吗？

二、品尝甜甜的和咸咸的点心，感受不一样的味道。

1. 幼儿观察并猜测它们的味道。

教师：你们觉得这两种点心会是什么味道？

2. 师幼讨论，引导幼儿说一说验证猜测的方法。

教师：刚才，我们在猜点心的味道，你可以通过什么方法知道自己猜得对不对呢？

3. 尝试用闻、尝等方法，发现点心的味道。

4. 幼儿通过品尝验证自己的猜测，并鼓励幼儿说说点心是什么味道的（洗手后先品尝甜甜的点心，再品尝咸咸的点心）。

教师：跟你旁边的小朋友说一说，你吃到的是什么东西？这个点心是什么味道的？（教师引导幼儿用"我吃到的是××，味道是×××"的句式表达）

5. 教师：要想知道食物的味道，可以自己亲自用嘴巴去尝一尝。

三、了解几种其他味道的点心。

1. 师幼讨论：你还吃过什么味道的点心？（幼儿自由交流）

2. 幼儿自由品尝不同口味的点心。

教师：这里还有许多点心，你们想不想再尝一尝呀？

3. 请幼儿用语言描述品尝到的味道。

教师：刚才你们吃到的是什么东西？是什么味道的？

引导幼儿用完整的句式描述自己品尝到的点心。

活动五 饼干歌（音乐）

活动目标

1. 欣赏歌曲，感受歌曲的旋律和歌词。
2. 能边听音乐边表演，尝试用喜欢的动作表现歌曲的内容。
3. 喜欢表演歌曲，体验和同伴一起表演的乐趣。

活动准备

物质准备：1.《饼干歌》相应的图片；2. 创设"点心屋"的情境；3. 音乐《饼干歌》。

经验准备：小朋友做过饼干。

活动过程

一、教师创设情境，引起幼儿兴趣。

1. 教师：我们又要去点心屋做好吃的点心了，今天做什么呢？我们一起先进去看看。

2. 带幼儿进入点心屋，坐下，桌上摆放饼干。

教师：哦，原来是做饼干呀！这些饼干到底是怎么做的呢？今天老师带来了一首歌，说的就是怎样做饼干。那我们一起来听听吧！

二、欣赏歌曲，感受做饼干的快乐。

1. 教师播放歌曲，幼儿初步感受歌曲的旋律和节拍。

教师：你知道饼干是怎么做出来的吗？

2. 教师出示图片，帮助幼儿熟悉歌词。

教师：饼干到底是怎么做的？我们再来听一次。

3. 教师边指图边唱歌。

教师：歌曲里唱到饼干是什么样的？做饼干的时候要做哪些事情？

三、再次欣赏歌曲，并引导幼儿用动作表现歌词。

1. 教师和幼儿共同为歌曲配上动作，边倾听音乐边表演。

2. 幼儿分小组进行表演。

活动建议

在表演区，提供歌曲供幼儿表演。

附：饼干歌

$1=D \ \frac{2}{4}$

| 5 5 5 | 6 6 6 | 5 3 2 3 | 1 1 | 5. 5 5 5 |

                           饼 干 饼 干
                           饼 干 饼 干

| 6 6 | 5 4 3 2 | 1 3 2 | 1. 2 3 5 | 6 6 |

圆 圆，　我最喜欢　吃饼干。　饼干饼干　甜 甜，
圆 圆，　放进热热的　烤 箱。　饼干饼干　甜 甜，

```
5 6 5 3  2 3 | 1  -   | 5   5 5 | 6 6  6 | 5 3   2 3 |
我会自己  做 饼   干。        (间奏)
滴答滴答  转 转   转。

1   -   | x  x x | x x  x | x   x | x   - |
           揉   揉， 团 团， 啪   啪   啪。
           搓   搓， 捏 捏， 啪   啪   啪。

x   x   | x   x  | x   x  | x   -  ||
饼   干   饼   干   圆   又   圆。
饼   干   饼   干   扁   又   扁。
```

第二周　活动一　食品袋上的小秘密（科学）

活动目标

1. 发现食品包装袋上的小锯齿，学习撕开小锯齿的方法。
2. 认识常见的提示标记，了解它的作用，并尝试借助标记打开包装袋。
3. 愿意积极主动地参与活动，体验在集体观察、探索和交流的乐趣。

活动准备

物质准备：1. 各种有包装袋（盒）的食品、食品盘、围裙；2. 电脑课件、装食品垃圾的小篓子若干。

经验准备：学会看食品袋上的标记。

活动过程

一、进入"兔妈妈请客"的情境，导入活动。

教师：宝宝们好！我是兔妈妈，今天兔妈妈要请一些爱动脑筋的宝宝到我家来做客，先来考考你们。这是什么？它像什么？小锯齿在哪里？为什么袋子上会有小锯齿呢？

二、观察并尝试打开包装袋，品尝食品。

1. 兔妈妈请宝宝们品尝有锯齿包装袋的食品。

教师：小锯齿在哪里？伸出小手摸一摸。想尝一尝吗？自己打开它。

教师：把垃圾扔在小篓子里，不能乱扔。

2. 幼儿品尝食品，教师引导幼儿感知食物的味道。

三、交流、学习撕开包装袋上小锯齿的方法，找到多种包装袋上的小锯齿，了解它的作用。

1. 幼儿交流，教师小结成功打开包装袋经验。

教师：你吃到好吃的了吗？怎么吃到的呢？怎么打开的呢？

2. 教师：我们找到小锯齿中间的地方，两只小手用力一撕，就撕开了。小锯齿可以帮助我们更容易打开袋子，吃到好吃的食物。

3. 教师：为什么有的宝宝用力撕，却撕不开小锯齿呢？

4. 教师：我们平时要多锻炼，让小手更有力气。如果真的打不开的时候，也可以用小剪刀等工具来剪开它。

5. 看课件，找找小锯齿，拓展经验。

教师：小锯齿都藏在包装袋的什么地方呢？一起来找找。小锯齿在哪里？

教师：很多包装袋上都有小锯齿呢，小锯齿藏在袋子的边缘上，一起说一说，"小锯齿藏在袋子的边缘"。

四、丰富经验，发现包装袋上的小标记并借助提示打开袋子。

1. 观看课件，了解包装袋上多种提示打开的标记。

教师：这个袋子上没有小锯齿，它的边缘是平平的，怎么打开它呢？

找到小口子了吗？它在哪？（看课件）

教师：食品包装袋上还藏着很多小秘密呢，它们会提醒我们从某一处打开包装袋。你们想知道吗？

教师：看看这是什么呢？包装盒上有没有小秘密？请你们到兔妈妈家做客，自己找一找吧。

2. 探索发现，寻找包装袋上藏着的多种提示打开的标记。

3. 品尝食品，与他人分享好吃的食物。

活动二 吃点心的前和后（健康）

活动目标

1. 了解吃点心前后需要哪些物品和材料，学习正确使用它们。

2. 能在吃点心前洗手，吃点心后擦干净嘴巴，并学习简单清理桌面，注意吃点心时的卫生。

3. 逐步养成良好的生活卫生习惯。

活动准备

物质准备：1. 香皂、毛巾、水龙头、水杯、抹布、扫帚、垃圾桶等的图片；2. 幼儿吃点心的图片；3. 点心若干。

经验准备：幼儿已了解幼儿园用餐的一些常规。

活动过程

一、教师出示图片，引导幼儿观察图片，导入活动。

1. 教师依次出示图片：香皂、毛巾、水龙头、水杯、抹布、扫帚、垃圾桶等。

2. 教师请幼儿说说图片上有什么。

二、了解吃点心前后需要做哪些事情。

1. 观察图片，明确图片上每个物品的用途。

教师：你知道它们有什么用？

2. 教师出示小朋友吃点心的图片。

教师：这个小朋友在做什么？我们小朋友在吃点心的时候，需要用到这些东西吗？

教师：吃点心之前，我们会使用到哪些东西？

　　　吃完点心，我们还会使用到哪些东西呢？

3. 小结：我们在吃点心之前要洗手，所以会用到水龙头、香皂、毛巾、水杯……

我们在吃完点心以后要擦嘴巴，做清洁工作，所以会用到毛巾、抹布、扫帚、垃圾桶……

4. 教师引导幼儿由吃点心的经验拓展到吃饭。

教师鼓励幼儿说出饭前、饭后应完成的工作（洗手、擦嘴、打扫自己面前的卫生）。

5. 教师：在吃东西之前我们把小手洗干净，就可以让我们变得健健康康。吃完点心以后，要擦嘴巴，把自己面前的食物残渣及果皮丢到垃圾筒，并记得洗手、漱口。

三、幼儿品尝点心，实践吃点心前后需要做的事情。

1. 教师出示若干点心，幼儿实践体验吃点心之前和吃完点心以后需要做的事情。

教师：现在是点心时间，小朋友们想一想，吃点心之前，我们要做些什么呢？吃完点心以后，我们要做些什么呢？想好了一起来做一做吧。

2. 教师给做得好的幼儿发奖品。

活动三　谁咬了我的大饼（语言）

活动目标

1. 能模仿故事中角色的对话，并大胆地用身体动作表演小动物们吃大饼的故事情节。
2. 仔细观察图书的画面细节，学习手指点图的阅读方法，乐于表达自己的发现和想法。
3. 体验和老师、同伴共同阅读和表演的乐趣。

活动准备

物质准备：1. 课件"谁咬了我的大饼"；2. 幼儿人手一本图书；3. 可分块拆卸的"大饼"一个。

经验准备：幼儿有阅读图书的经验。

活动过程

一、教师展示课件，引发幼儿的回忆与想象。

1. 引导幼儿观察图片一：被咬了一口的"大饼"。

教师：我带来了一样东西，我们来看看它是什么？大饼怎么了？这一口像什么？（教师引导幼儿发挥想象，说说"大饼"上少掉的那口像什么）

2. 引导幼儿观察图片二：被许多小动物咬了之后剩下的"大饼"。

教师：这又是什么呢？大饼怎么变成这样了？哪些小动物来吃大饼的？（教师根据幼儿的回忆，逐个点击图标，出现每个小动物）

3. 引导幼儿集体认读书名。

教师：大饼的故事就藏在一本好看的图书中，图书的名字叫"谁咬了我的大饼"。

二、幼儿自主阅读图书。

1. 教师交代阅读的要求：自己用手指点图的方法阅读，边看边说故事，能在书中找到被许多小动物咬了之后剩下的"大饼"。

2. 幼儿自主阅读，教师巡回个别指导。

三、教师演示课件，师幼共读图书的细节部分。

1. 教师：你喜欢这本书吗？你找到刚才的那块大饼了吗？我们再来看看书里还有哪些有趣的地方？

2. 教师演示课件，引导幼儿观察主要页面的细节部分。

阅读重点：不同动物（小鸟、兔子、狐狸、鳄鱼、河马、小猪）在"大饼"上留下的牙印形状（半圆形、小三角形、兔牙形、大三角形、锯齿形、波浪形等），说说这些牙印像什么，比较互相之间的不同。

3. 教师引导幼儿模仿角色的对话语言。

主要对话语言：

小猪："是你咬了我的大饼吗？"

小鸟（小兔、狐狸、鳄鱼、河马）："不是我，你看！……"

4. 教师鼓励幼儿用动作表现不同小动物们的姿态和吃"大饼"的样子。

5. 讨论：究竟是谁第一口咬了小猪的大饼呢？你是从哪里发现的？

四、故事表演"谁咬了我的大饼"。

1. 教师出示一块可以拆分的"大饼"，幼儿扮演小动物，教师扮演小猪，一起表演动物"吃大饼"的有趣情节。

2. 在表演中，教师鼓励幼儿大胆地用身体动作表现出每个小动物的突出姿态（如：小鸟飞、小兔跳等）以及张大嘴巴吃"大饼"的样子（如：河马张开很大的嘴巴咬大饼，狐狸用三角形的嘴巴咬大饼等）。

活动四　搓蛋卷（泥工）

活动目标

1. 通过交流、示范，了解蛋卷的制作方法。

2. 学习用团圆、压扁、卷等方法制作蛋卷，能够借助各种辅助材料，初步表现蛋卷的基本特征。

3. 能简单描述自己操作的过程和方法。

活动准备

物质准备：1. 彩色油泥、泥工板、小盘子、铅笔每人一份；2. 提供蛋卷若干；3. 手偶。

经验准备：学习过"卷"的技能。

活动过程

一、教师出示手偶，由谈话导入活动，引起幼儿的兴趣。

教师：今天，××到我们班来做客，小朋友一起来和它打个招呼！

教师：它特别爱吃蛋卷，可老师准备的蛋卷不够，怎么办？请你们来帮帮忙，好吗？

二、观察蛋卷，讨论蛋卷的制作方法。

1. 观察蛋卷，了解其主要结构。

教师：蛋卷是什么颜色、什么样子的呢？哪里卷呢？

2. 讨论蛋卷的制作方法。

教师：观察过蛋卷的样子，你觉得蛋卷是怎么做的呢？

三、学习制作蛋卷的方法。

1. 教师和幼儿共同谈论制作的步骤和方法。

请个别幼儿示范，教师引导幼儿讨论团圆、压扁、卷的方法。

2. 教师重点示范、讲解蛋卷的制作方法，即先团圆、压扁，再卷起来。

3. 幼儿徒手练习"卷"的方法。

四、教师交代要求，幼儿制作，教师指导。

1. 幼儿制作蛋卷。教师提醒幼儿要将蛋皮做大一些薄一些再卷，卷的时候要松紧合适。

2. 对于有困难的幼儿，教师给予及时的帮助。

五、展示幼儿的作品，玩游戏。

1. 教师：你觉得哪根蛋卷做得最好呢？为什么？

2. 玩游戏，每组幼儿把自己制作的点心送给手偶，并对它说一句"×××，请你吃蛋卷！"

活动建议

在美工区中，继续制作蛋卷，鼓励幼儿尝试在蛋皮上压花后再卷，制作出花边蛋卷。

活动五 小老鼠和泡泡糖（音乐）

活动目标

1. 欣赏乐曲，熟悉乐曲旋律，能跟着音乐做游戏。

2. 能合拍地做老鼠走的动作并尝试探索泡泡糖粘在身体各部位的动作。

3. 体验参与音乐游戏的快乐。

活动准备

物质准备：《小老鼠和泡泡糖》音乐。

经验准备：幼儿知道泡泡糖是有黏性的。

活动过程

一、幼儿欣赏乐曲，熟悉乐曲的旋律。

1. 教师：吱吱吱，吱吱吱，谁来了？今天小老鼠要出去玩啦！我们一起来听一听，想一想，小老鼠是怎么走路的？

2. 熟悉音乐，尝试用动作表现音乐情节。

倾听 A 段音乐，想象老鼠走路的样子，能较合拍地随音乐做动作。

教师：小老鼠是怎么走路的？请你学一学。

教师：小老鼠出来玩，心情怎么样？我们一起来学一学小老鼠。

教师：我们来听一段好听的音乐，音乐里有一只小老鼠，我们一起听一听，猜一猜，在这段音乐下小老鼠会做什么。

二、借助故事，尝试探索小老鼠拽泡泡糖的动作。

1. 听 B 段音乐。想象创编小老鼠被泡泡糖黏住脚的肢体动作。

教师：我们来听一听，猜一猜，小老鼠发生了什么事情？

教师：一只可爱的小老鼠跑到草地上玩。草地上真热闹呀！有小鸟在唱歌，有蝴蝶在跳舞，还有小鸡在捉虫……小老鼠可高兴了，就东跑跑西看看，东跑跑西看看。哎哟，不好！小脚踩到什么东西黏糊糊的？一看，原来是一大块泡泡糖。小老鼠赶紧用手去拉，呀！泡泡糖黏到手上了，它用另一只手去拉，又黏到另一只手上了，拉来拉去，泡泡糖像根绳子一样把小老鼠捆了起来。

2. 幼儿自由创编泡泡糖黏在身体其他部位的动作。

教师：泡泡糖除了黏在手上、脚上，还能黏在哪里呀？

幼儿自由想象，并创编动作，大家一起学一学。

幼儿尝试用不同的身体动作表现小老鼠拽泡泡糖，体验小老鼠拽泡泡糖的乐趣。

3. 幼儿听音乐完整游戏。

教师：今天小老鼠出来玩，遇到了许多事情，我们再来一起表演吧！

三、幼儿玩游戏：小老鼠和泡泡糖。

教师：游戏的结尾小老鼠怎样了？（它看见了一只猫，吓得赶紧回家了）

活动建议

在表演区投放小老鼠和猫的头饰，让幼儿继续创编动作。

第三周　活动一　糖不见了（科学）

活动目标

1. 知道糖放进水里会溶解，观察糖在水中溶解的过程及所发生的变化。
2. 学习在活动中猜测、观察，尝试说出自己的感受。

3. 愿意积极探索，喜欢动手操作。

活动准备

物质准备：1. 每人一小杯温水及一个勺子；2. 糖、盐、米、奶粉、沙子、豆子等；3. 抹布若干；4. 小熊手偶一个。

经验准备：喝过糖水。

活动过程

一、故事导入。

1. 教师：今天小熊请客，它要请大家喝饮料，请你猜猜你品尝的是什么。

2. 老师随机给小朋友分两种饮料（白开水、糖水）。

3. 教师：今天小熊带来了一些饮料，小朋友们尝一尝，然后再轻轻地告诉你的好朋友，你尝到的饮料是什么味道的。

4. 教师：你喝到的饮料是什么味道的？你有没有在里面看到糖呢？糖宝宝到哪儿去了？

二、幼儿尝试小实验，观察糖溶解的现象。

1. 先让幼儿大胆猜测实验结果。

2. 幼儿尝试操作：先尝一口自己杯子里的白开水，然后用勺子舀一小勺糖放入水中，看糖会发生什么变化。用勺子搅拌一下，观察糖到哪里去了，请幼儿再次品尝水。

3. 请幼儿交流表达自己的想法。

4. 教师：糖放在水里融化了，这个过程就叫作溶解，糖溶解到水里就会变甜。

三、请幼儿自己操作。

1. 教师帮助幼儿拓展经验，引导幼儿大胆猜测还有什么东西会溶解。

2. 教师：老师这里还有米、奶粉、沙子、盐、豆子，你们也来试一试。

3. 幼儿分组实验，观察溶解显现、颜色变化，发现有的物品不能溶解。

4. 幼儿自由交流实验结果，鼓励幼儿大胆说出自己的发现。

四、结束活动

教师：今天我们自己动手发现了糖放在水里会溶解的奇妙变化，小朋友可以回家继续试一试，找找还有哪些东西放进水里会溶解，把自己的发现告诉爸爸妈妈吧。

活动二 好吃的三明治（健康）

活动目标

1. 知道如何制作三明治，认识制作三明治的食材。
2. 能用模具做出好看又好吃的三明治。
3. 体验制作三明治的快乐，学会互相分享。

活动准备

物质准备：1. 各种食材，如切片面包，小番茄，果酱，花生酱，小黄瓜、生菜、小玉米粒、葡萄干；2. 模具，牙签，勺子。

经验准备：幼儿吃过各种三明治。

活动过程

一、与幼儿谈话，导入活动。

1. 幼儿回忆制作三明治的食材。

教师：小朋友，我们一起来回忆一下，昨天我们出去买了哪些东西？

2. 观察操作台上的材料。

教师：看看你们的操作台上面有什么？（幼儿观察，自由讲述）

3. 教师引导幼儿探索模具的使用方法。

教师：我们除了用小刀将面包切成长方形以外，还可以借助模具，用它们来制作出各种形状的三明治。你知道这些模具该怎么用吗？谁来说一说，试一试。（请个别幼儿先讲述模具的使用方法，再试着使用模具）

二、师幼共同制作三明治。

1. 师幼一起明确制作前的卫生要求。

教师：我们在制作三明治前先要做一件什么事？（洗手）现在请小朋友们把手洗洗干净，然后回到自己的位子上，一起来做好吃的三明治。

2. 师幼一起明确制作三明治的流程。

教师：三明治该怎么做呢？我们先放什么材料，再放什么材料？怎么放，里面的食材才不会从面包里漏出来？

（指导幼儿做三明治，并鼓励他们选择自己喜欢的模具做，每个三明治里的食材可以放的不一样）

三、欣赏与品尝三明治。

1. 教师：小朋友们做的三明治可真漂亮，让我们来欣赏欣赏。

鼓励幼儿大胆介绍自己制作的三明治。

2. 教师：我们把做好的三明治和小伙伴一起分享，好不好？（让幼儿互相品尝他们自己做的三明治，同时提醒幼儿在食用时注意牙签）

活动三　汉堡包（美术）

活动目标

1. 了解汉堡包的基本结构，欣赏汉堡包层层累加食物的色彩美。

2. 能根据自己的喜好选择不同颜色的颜料，尝试用一层一层叠加的方式挤颜料，为自己制作汉堡包。

3. 喜欢玩色，和教师一起收拾作画工具。

活动准备

物质准备：沙拉瓶、水粉颜料；瓦楞纸、黑色卡纸；汉堡包的图片若干。

经验准备：小朋友吃过汉堡包。

活动过程

一、调动经验，引起兴趣。

教师：大家有没有吃过汉堡包？汉堡包好吃吗？汉堡包是什么样子的？（重点引导幼儿回忆汉堡包的味道，激发制作汉堡包的欲望）

二、利用图片了解汉堡包的色彩和结构。

1. 教师：这是什么？汉堡包里有什么好吃的？这些食物是什么颜色的？我们一起来从下到上说一说汉堡包里有哪些颜色。

2. 幼儿们在回答各种食材的时候，教师运用追问的方法，引导幼儿对食材的色彩进行感知。

3. 教师：这些好吃的红红的西红柿、黄黄的芝士、绿绿的生菜是怎么放的呢？

（教师带领幼儿从下往上一层一层地分析，引导幼儿感知食材的层层叠叠）

三、介绍绘画工具，教师范画，激发幼儿的制作欲望。

1. 引导幼儿确定汉堡包在画面中的位置。

教师：在做汉堡包之前，我们要在最下面铺上一块小面包，它放在什么位置？

2. 学习使用不同颜料制作汉堡包。

教师：这是什么瓶子？它里面装着什么？红色的颜料让你想到什么好吃的食物？它们可以夹到汉堡包里面吗？（教师一边范画，一边用有趣的语言对操作进行想象描述，如：我要在汉堡包里夹上西红柿，我把红颜料挤呀挤出来，红红的西红柿夹好啦）汉堡包里还有什么好吃的？

四、幼儿操作，教师巡回指导。

教师：请你来选择自己喜欢的颜色，做一个属于自己的独特的汉堡包吧！（鼓励幼儿在操作的同时，能大胆发挥想象，并用简单的语言进行表达）

五、欣赏作品，介绍自己的作品。

教师：谁愿意和大家说一说，你的汉堡包里都有哪些好吃的食物，它们都是什么颜色的呢？

教师：虽然汉堡包很好吃，但是我们每一个小朋友都不能经常吃汉堡包，因为它含的热量很高，吃多了会变胖，均衡营养很重要哦！（引导孩子养成健康的饮食习惯）

活动四　小孩小孩真爱玩（体育）

活动目标

1. 能理解信号的含义，并在听信号后快速做出反应，向指定方向跑。
2. 认识操场上的大型运动器械，奔跑时注意避让，不碰撞同伴。
3. 感受奔跑活动的乐趣，发展幼儿的判断力。

活动准备

物质准备：20 m×20 m 场地，在场地一端画上一条直线作为起跑线。

经验准备：幼儿会听信号做动作，如：走、跑等。

活动过程

一、开始部分。

1. 教师用动物的叫声引起幼儿的兴趣。

教师：这个小动物怎么走路呢？（小猫、小鸡、小鸭、小兔走等）

2. 在教师的带领下，幼儿自由自在四散地模仿动物的叫声，走走、跑跑。

小动物模仿操。（头部、上肢、体侧、体转、下蹲、腹背、跳跃等）

二、基本部分。

1. 幼儿呈一列横队站在场地一边，教师交代游戏名称和玩法。

教师：小朋友很喜欢玩场地上的大型玩具，现在请大家仔细听，老师说到哪个玩具就请你快速跑到那个玩具的面前，看哪个小朋友找得准！

2. 幼儿游戏 2~3 次，教师提醒幼儿跑的时候不要碰撞身边的小朋友，注意安全。

3. 幼儿走到场地的另一端，进行下一次游戏。

4. 教师小结，表扬跑得又准又好的幼儿。

三、结束部分。

教师：刚才小朋友们找玩具找得又快又准，现在解散，我们一起玩一玩最爱的大型玩具。

活动五　数数有几个（数学）

活动目标

1. 能按物品的种类进行分类，并用相应的点卡表示。
2. 学习讲述"我把××和××放在一起"，并能点数每种物品的数量。
3. 会按类整理小动物并摆放在分类盒中，熟悉活动中的操作材料。

活动准备

物质准备：

教具：小鸡、小鸭图片各 4 张，数卡 1~4。

学具

　　第一、第二组：数数有几个：小狗、小猫图片人手各 4 张，数卡 1~4）。

　　第三、第四组：看点卡匹配实物：点卡和实物（1~3）12 套，分类盒 12 个。

　　第五、第六组：小树长高了：小树生长顺序的图片 12 套（每套 1~4 张）。

经验准备：幼儿会手口一致地点数。

活动过程

一、数数小鸡、小鸭有多少。

1. 小鸡、小鸭分一分。

（1）教师在黑板上出示混在一起的小鸡、小鸭图片。

教师：小鸡、小鸭也来和我们玩游戏，可小鸡、小鸭混在一起啦！怎么办呢？

（2）请幼儿尝试把小鸡和小鸭分类摆放。

教师：我们一起来数数，有几只小鸡？有几只小鸭？

（3）教师带领幼儿逐一点数小鸡和小鸭。

2. 小鸡、小鸭有多少。

（1）教师：每种小动物有多少呢？怎样才能让大家不用数，一下子就知道它们的数目呢？

（2）鼓励幼儿提出并用点卡表示小动物数目。

二、幼儿分组操作。

1. 介绍操作活动。

（1）教师介绍游戏名称及玩法。

教师：今天有三个游戏，第一、第二组是一样的；第三、第四组是一样的；第五、第六组是一样的，小朋友都要去试一试。

游戏一：数数有几个。

教师：请你把小狗和小猫分一分，再数一数有几个。

游戏二：看点卡匹配实物。

教师：请你把点卡先排排队，再匹配上数量相等的实物。

游戏三：小树长高了。

教师：小树一天一天在长高，请你给它们排排队。

2. 幼儿分组操作，教师指导。

提醒幼儿将操作材料分别放在分类盒里，边操作边讲述，如"4个××用点子4表示"。

三、作业讲评。

1. 鼓励幼儿大胆地介绍自己的操作活动。

教师：说说你是怎么分的？

2. 教师可有意识地请幼儿说说他们是如何整理材料的。

活动建议

游戏中引导幼儿将图片归类摆放，说出每种图片有几个，并用点卡表示；亦可按指定的点卡到"超市"购买相应的物品。

备选活动　活动一　香甜甜的饼干（美术）

活动目标

1. 大胆用图形表现不同形状的饼干。

2. 能发现饼干上图案的特点，尝试用点、线大胆地装饰，感受装饰美。

3. 乐于参与美术活动，体验美术活动的快乐。

活动准备

物质准备：1. 饼干；2. 勾线笔、水彩笔、纸。

经验准备：看过不同的饼干。

活动过程

一、回忆自己吃过的饼干。

教师：小朋友都喜欢吃饼干，请小朋友想一想，你们吃的饼干有什么形状的，上面有什么样的花纹？

二、引导幼儿观察饼干。

1. 教师将幼儿带到小展示台前，引导幼儿发现饼干上的图案和花纹的特点。

教师：你喜欢哪种饼干，这些饼干上有哪些好看的花纹？

2. 引导幼儿发现饼干上纹样的构图特点和布局特点，为幼儿的绘画做准备。

教师：饼干上面有不同的花纹，饼干的中间有的是文字、有的是字母、有的是图案、有的是许多的小点点；饼干的四周有不同的花纹，像竖道道、横条条、折线、波浪线、半圆、小圆圈等，这些花纹在四周重复、有序地排列着。

3. 观察画面，教师以游戏的口吻激发幼儿绘画饼干的兴趣。

教师：小姐姐正在做饼干，她做出的饼干是什么形状的？娃娃和小狗都喜欢吃饼干，可是饼干太少了，你愿意帮助他们画一些饼干吗？

三、幼儿绘画，教师观察指导。

1. 幼儿自由绘画，教师个别指导。

2. 教师重点指导：① 对于绘画饼干外形有困难的幼儿，可引导幼儿先去描画饼干，再在里面进行装饰；② 能独立画出饼干形状的幼儿，可引导其用简单的小点点、小圆圈进行装饰；③ 对能力强的幼儿可引导他们设计简单的纹样（波浪线、小圆圈等），创造性地进行装饰，并将纹样进行有序排列，使作品体现一定的装饰效果。

四、教师与幼儿一起互相欣赏作品。

将幼儿的作品贴在墙饰上，介绍自己装饰饼干的方法，同时欣赏同伴的作品。

教师：你喜欢哪块饼干，为什么？上面的花纹是什么样的？

活动建议

1. 可以在美工区提供一些质地比较硬的纸，裁成各种形状，让幼儿装饰饼干，并将幼儿绘画好的饼干投放到班级创造性游戏"小超市"中，供幼儿使用。

2. 在美工区，设置多种形式来制作饼干，如：泥工"小饼干"；撕贴"小饼干"，提高幼儿参与制作活动的积极性。

主题活动六

冬爷爷抱抱我

主题活动六
冬爷爷抱抱我

主题意图

随着冬季的到来，幼儿逐渐感受到了肌肤的寒冷，从而自然而然地感受到了气候的寒冷。幼儿发现幼儿园里的大树飘落了许多树叶，绿绿的草地变黄了，地上结冰了。早上出门，爸爸妈妈都要戴上帽子、手套、口罩，系上围巾，还要穿上厚厚的羽绒衫。冬天天气寒冷，幼儿都不太喜欢户外游戏了，并且由于衣服越来越多，小班的幼儿在穿衣服方面也遇到了许多困难。幼儿就是在自我感知和体验的过程中，走进冬季！

主题"冬爷爷抱抱我"也随之悄然应运而生。通过这一活动我们希望把它作为引导幼儿主动发展的机会。幼儿通过活动认识冬季；养成不怕冷，战胜困难的良好品质；掌握基本的自理能力；喜欢体育活动；发展小肌肉。

主题目标

健康：

1. 坚持早起入园，乐意参与冬天的户外活动。
2. 了解一些冬天保暖的方法，比如：穿棉衣、戴帽子、手套、口罩等。
3. 知道冬天让自己暖和的最好方法是运动，并知道几种常用的取暖用具，有初步的自我保护意识。
4. 空调房间内，在老师的提醒下愿意多喝白开水，补充水分。
5. 学习塞裤子等日常生活自理技能，能在成人帮助下完成。
6. 学习基本的自我护理方法，如擦香香等的正确方法。

语言：

1. 能听懂老师和同伴说话，并做出相应的反应。

2. 能用一些简单的词汇，比如白茫茫、雪白来形容冬天的特征。

3. 会看图书单幅画面，能在教师的引导下用完整的话说一说图中有什么、发生了什么事情。

社会：

1. 了解冬天里的节日，能用自己喜欢的方式表达对他人的新年祝福。

2. 消除对寒冷的畏惧情绪，积极面对冬天。

科学：

1. 运用多种感官感受冬天的特征，并尝试用简单的语言表达自己的发现。

2. 能感知和发现水结冰的现象和冰的特征，对冬天大自然的变化产生兴趣和探究欲望。

3. 观察物体的排序规律，尝试用 AB 模式制作围巾。

艺术：

1. 运用撕贴、搓揉、剪、折等方式表现冬天的腊梅花、小雪人等冬天里的事物。

2. 能用声音、动作、姿态表现冬天里的自然现象。

主题网络图

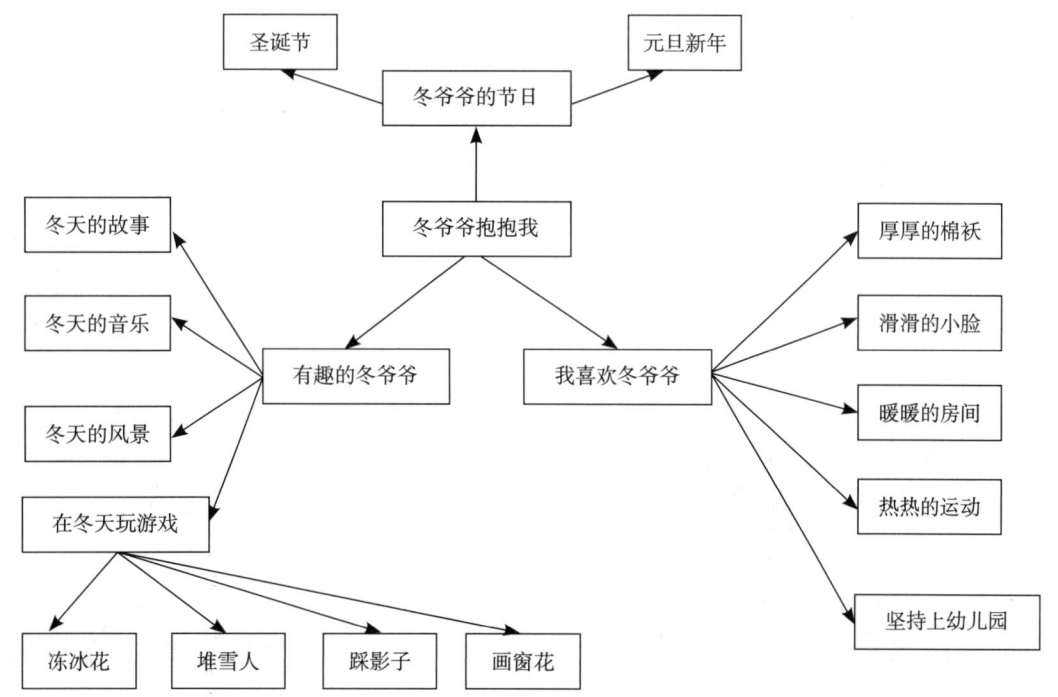

环境创设

1. 在主题墙提供各类有关冬季特征的图片，比如冬季人们的生活、活动，冬季动物和植物的资料，丰富幼儿对于冬季特征的认识。

2. 在教室内适当位置悬挂能表现冬季特征的装饰物，如雪花、和新年有关的装饰物等，增加教室内的季节及节日气氛。

3. 教室窗户可由师生共同创设，进行撕雪花、贴雪花状窗花等，让幼儿参与到布置教室环境中来，增强幼儿关心集体，关心班级的小主人意识。

4. 利用冬季天气寒冷的特点，制作冰花，悬挂在室外的树枝上，让幼儿了解冬季可以进行的有趣活动，激发幼儿对冬季的喜爱之情。

5. 在"家长园地"板块中增加冬季保健知识，鼓励家长和幼儿多多参加户外活动。

6. 利用圣诞节、元旦节的契机，带领幼儿一同布置教室，用鲜艳的色彩表现节日的喜庆，用富有冬季特点的饰物（如圣诞树、雪花等）表现冬季的特点。鼓励幼儿一起动手装扮节日的教室，体验冬天的各种节日带来的快乐。

7. 创设"早入园宝宝"专栏。鼓励幼儿不畏寒冷，早起准时入园。

8. 在室外展板展示幼儿的相关作品，让家长进一步了解幼儿在园表现，同时也增强幼儿的自信。

9. 健康特色区：健康小书《我会扣纽扣》(内容包含扣纽扣步骤分解图、多种纽扣欣赏图，幼儿完成扣纽扣情况统计表等)。

三方互动

教师——搜集与冬天相关的文学作品、歌曲、图片等资料，利用自然环境，通过多样化活动帮助幼儿提升关于冬天的经验；在生活活动中（如散步等)，鼓励幼儿走出温暖的教室，到户外闻闻腊梅的清香，看看雪松的刚毅，摸摸白雪的冰凉，让幼儿通过多通道体验冬的特点；密切联系家长，鼓励幼儿不怕冷，每天坚持来园。

幼儿——愿意在冬天里，坚持外出活动，坚持来园；在自然环境体验、自然物观察、游戏活动中丰富对冬天的认识和感受；了解冬天御寒的简单方法，学习简单的自我服务（初步学习穿外套）方法。

家长——在接送幼儿时引导幼儿观察路上人们的衣着变化、天气情况、不同的树木等等，帮助孩子寻找并感知冬天的主要特征，带幼儿欣赏冬天里的美丽景色，如游览梅花山，增强幼儿对于冬天的情感；以身作则，鼓励幼儿不畏寒冷，早起入园；配合班级和教师，完成幼儿园迎新年活动，以及班级小型的圣诞活动。

特色活动

	活动	活动准备	指导要点	参与幼儿
健康大活动	元旦庆祝会（综合）	环境布置	1．初步了解一月一日是元旦，是新一年的第一天； 2．会说一些简单的祝福话语，能在集体面前大胆地说话和表演； 3．能积极参与到庆新年的各项活动中去，充分感受节日的快乐	本年级幼儿
安全教育活动	真暖和	《真暖和》PPT	1．认识常用的取暖用具，知道运动是最好的取暖方法； 2．了解热的物品可以用于取暖； 3．增强幼儿的安全意识和自我保护意识	本班幼儿
户外活动	做冰花	不同的容器、棉线、花片，彩色碎纸	1．通过实验，了解冰是由水凝固而成的； 2．体验做冻冰花的乐趣	本班幼儿
	散步	户外幼儿园内	观察冬天的植物变化，感知季节特征，"雪"的特点	本班幼儿
语言活动	莎娜的雪火车	绘本《莎娜的雪火车》或PPT	1．愿意倾听故事； 2．愿意说一说自己喜欢的故事角色	本班幼儿
	鼠小弟堆雪人	绘本《鼠小弟堆雪人》或PPT	1．愿意倾听故事； 2．能大胆说出自己喜欢的故事角色	本班幼儿
	古利和古拉的神秘客人	绘本《古利和古拉的神秘客人》或PPT	1．能够安静地听故事； 2．愿意对故事里的角色进行猜测	本班幼儿
	从窗外送来的礼物	绘本《从窗外送来的礼物》或PPT	1．愿意倾听故事； 2．能大胆猜测故事里的角色	本班幼儿

续表

	活动	活动准备	指导要点	参与幼儿
音乐活动	铃儿响叮当	音乐	1. 能跟随音乐做身体动作； 2. 感受音乐快乐的情绪，体会舞蹈的快乐	本班幼儿
	雪花和雨滴	音乐	1. 能跟随教师一起用好听的声音唱歌； 2. 愿意边唱边做动作表现歌曲	本班幼儿
	新年好	音乐	1. 愿意跟随教师一起快乐地歌唱； 2. 熟悉歌曲旋律，感受新年的气氛	本班幼儿

区域活动

	活动与指导要点	幼儿发展目标	材料与层次
建构区	活动：搭得高高的 指导要点： 1. 学习一个一个垒高的技能； 2. 能用不同材料完成稳定的垒高	初步运用垒高等技能进行建构	材料：积木、雪花片 层次一：提供同种材料（积木）进行垒高； 层次二：提供不同的材料完成垒高
生活区	活动：可爱的毛毛虫 指导要点：尝试用食指、拇指合作捏开夹子	学习夹住纸板毛毛虫，锻炼手指力度	材料：毛毛虫图片，塑料小夹子若干 层次一：尝试使用小夹子，能把小夹子捏开； 层次二：能自如地使用夹子，并将其夹在指定的位置
	活动：穿珠子 指导要点：手眼协调，对准珠眼	学习有规律地排序	材料：提供粗细不同的绳子和各色串珠 层次一：能对准珠子的洞眼，将珠子穿入绳里； 层次二：能按规律穿出作品
美工区	活动：新年礼物 指导要点：能用撕、搓、粘贴的方式装饰圣诞树	学习用撕贴的方式装饰，促进小手精细动作的发展	材料：圣诞树的底图、压花器压出的各种图案、水彩笔（油画棒）、胶棒、皱纹纸、双面胶、抹布 层次一：能将压花器压出的各种图案粘贴在树上； 层次二：能将皱纹纸撕成条，再搓圆进行粘贴； 层次三：能熟练进行粘贴，有初步的布局

续表

	活动与指导要点	幼儿发展目标	材料与层次
美工区	活动：美丽的腊梅花 指导要点：体验制作过程的乐趣，逐步养成良好的操作习惯	学习搓、团油泥的方法，并粘贴在树枝上	材料：废弃的树枝、黄色油泥 层次一：将黄色油泥搓成圆形粘贴在树枝上； 层次二：能将一小团油泥分成大致等量的多份进行搓圆； 层次三：能大致表现出腊梅花的造型
益智区	活动：找朋友 指导要点： 1. 尝试给物品找朋友配对，感知物体——对应的关系； 2. 学习按要求整理操作材料	尝试将相关联的物体——匹配	材料：模板、实物卡片 层次一：借助实物卡片的模板，找出相关联的物体，进行——匹配； 层次二：能自主将相关联的物体进行——匹配； 层次三：尝试讲述操作过程，收拾材料
益智区	活动：比较多少 指导要点： 1. 学习用——对应的方法比较两组物体的多、少和相同； 2. 能在活动中用语言表达多少的数量关系	能够运用——对应的方法发现两组物体的数量关系	材料：不同的模板、实物卡片 层次一：借助有参照物的模板，幼儿用——对应的方法比较两组物体的数量； 层次二：幼儿自主运用——对应的方法比较两组物体的数量； 层次三：尝试讲述操作过程，收拾材料
探究区	活动：拧螺丝 指导要点： 1. 学会拧的动作，增强手部小肌肉的力量和协调性； 2. 能将大小不同的螺丝、螺帽进行匹配	使用工具进行拆装游戏，发展手部精细动作	材料：大小不同的螺丝、螺帽、螺丝刀、底板 层次一：能将螺丝和螺帽对准，拧上； 层次二：能尝试运用螺丝刀将螺丝和螺帽拧上
探究区	活动：解救小动物 指导要点： 1. 初步感受冰融化成水的过程； 2. 积极尝试探索将冰融化成水的各种方法	尝试探索将冰融化成水的各种方法	材料：托盘、中间有"玩具小动物"的冰块、茶杯、筷子、温水、抹布等 层次一：愿意参与实验； 层次二：在教师的帮助下选择材料进行实验； 层次三：能够大胆猜测，选择材料完成实验并简单讲述自己的发现

续表

	活动与指导要点	幼儿发展目标	材料与层次
阅读区	活动：小花狗与大石头 指导要点： 1．愿意大声一边朗诵一边用桌面道具表演； 2．能发准"狗""走""跌""碰"等字音	有表情地表演儿歌、感受儿歌的韵律	材料：与儿歌内容相关的桌面道具 层次一：愿意和同伴、老师一起参与表演； 层次二：用普通话朗诵，吐字清晰准确
	活动：听与冬天主题相关的故事 指导要点： 1．愿意倾听故事； 2．能大胆说出自己喜欢的故事角色与内容	会看图书，能在教师的引导下用完整的话说一说图中有什么、发生了什么事情	材料：与冬天主题相关的故事绘本《莎娜的雪火车》《鼠小弟堆雪人》《古利和古拉的神秘客人》和《从窗外送来的礼物》 层次一：能与同伴一起安静倾听故事； 层次二：能理解故事，在教师的提醒下回答故事中的问题； 层次三：愿意把听到的故事内容讲给同伴听

集体教学活动

第一周		第二周	
1．	冬爷爷的礼物（语言）	1．	小花狗与大石头（语言）
2．	小雪花（歌唱）	2．	大灰熊（音乐）
3．	下雪啦（美术）	3．	暖暖的围巾（美术）
4．	新年的祝福（社会）	4．	冬天不怕冷（健康）
5．	小兔修房子（数学）	5．	解救玩具宝宝（科学）
第三周			
1．	敲锣打鼓放鞭炮（音乐）		
2．	冬天怎么穿（健康）		
3．	放鞭炮（体育）		
4．	快快乐乐过寒假（社会）		
5．	美丽的冬天（美术）		

第一周　活动一　冬爷爷的礼物（语言）

活动目标

1. 了解故事的主要情节，初步感知冬季的明显特征。
2. 通过初步的情感体验，体会到帮助别人和被人帮助都是很快乐的。
3. 感受人和大自然相互关爱的情感。

活动准备

物质准备：1. 冬天背景图一张；2. 故事PPT。

经验准备：幼儿已初步了解冬天的特征。

活动过程

一、通过欣赏故事，熟悉故事内容。

1. 教师：下雪啦，冬爷爷送来了最美丽的礼物，就是你们啊，小雪花们，让我们一起舞蹈吧！
2. 教师：冬爷爷要给可爱的小雪花们讲一个故事，名字就叫《冬爷爷的礼物》。
3. 教师有感情地讲述故事《冬爷爷的礼物》。

二、通过讨论，帮助幼儿理解故事内容。

1. 教师出示故事PPT课件，教师有感情地讲述故事。
2. 教师：冬天来了，天气变得怎么样了？丽丽怎么了？她的心情怎么样？
3. 教师：丽丽生病了，不能去幼儿园，心里想什么了？冬爷爷给丽丽带来了什么礼物？丽丽变得怎么样了？让幼儿带着问题再次听教师讲故事。
4. 教师与幼儿一起回答问题，理解故事内容。
5. 教师：丽丽看到冬爷爷送来的礼物后，病好了吗？她是怎么从床上爬起来的？（理解词：一骨碌）
6. 教师出示雪花图片。

教师：这是什么？什么季节才有它？雪花是什么颜色的？是什么形状的？

三、通过艺术表现，激发幼儿情感。

1. 教师：你喜欢冬爷爷的礼物吗？小雪花们，你们还会送什么礼物给丽丽？（问题不要脱离幼儿扮演的角色和情景）

幼儿自由表达，教师巡回倾听指导。

请部分幼儿在集体中表达自己的想法。

2. 音乐声中，"小雪花"随着"冬爷爷"吹的风，自由地飞来飞去。

活动建议

幼儿到户外感受冬天。

教师带领幼儿走到户外，感受冬天的气温、冬天的风、人们的衣着。如果是下雪天，还可以感受冬天的雪景，跟同伴或教师交流自己的感受。

附：故事

冬爷爷的礼物

冬天慢慢地来了，天气慢慢地变冷了。

丽丽生病了，不能去幼儿园，心里很伤心。她躺在床上，望着窗外，心想：要是有好多好朋友来陪陪我，那该多好啊！这事被冬爷爷知道了，冬爷爷说："我要让美丽的小雪花去陪陪丽丽，让她的病快点好起来。"

早上，窗外飘起了一朵朵白色的小雪花。"啊！多美的小雪花啊！"丽丽一骨碌从床上爬起来，跑到屋外。啊！外面变得一片白茫茫，晶莹的雪花在丽丽的周围飘来飘去。她们吻着丽丽的头发，轻轻地告诉她："是冬爷爷让我们来和你做朋友的。"丽丽捧起冬爷爷送来的礼物，高兴地说："谢谢冬爷爷！谢谢小雪花！"

活动二 小雪花（歌唱）

活动目标

1. 感受歌曲的优美旋律，学习用连贯、柔和的声音唱歌。
2. 会用动作表现雪花落下的轻柔，体验"飘在手里不见了"的情趣。
3. 乐意在集体面前进行简单的表演。

活动准备

物质准备：1. 音乐《小雪花》；2. 小雪花胸饰（数量与幼儿人数相等）。

经验准备：幼儿已初步观察过冬天的特征。

活动过程

一、幼儿随音乐做动作，熟悉歌曲。

教师：小朋友，听一听，这是谁来了？（雪花）它们是怎么样从天上飘下来的呢？

幼儿跟着音乐，自由创编雪花飘落的姿态。

教师：小朋友，你现在就是一朵小雪花，我们一起听着音乐，跳舞吧！

二、学唱歌曲。

1. 教师用钢琴弹奏《小雪花》，随音乐歌唱。

2. 教师根据歌曲内容提问。

教师：你听到歌曲里小雪花飘的时候像什么？

教师：你最喜欢这首歌的哪句歌词？（鼓励幼儿说出歌词，帮助幼儿完整讲述歌词中的一句话）

教师重点帮助幼儿理解歌词"飘在手里不见了"。

3. 教师边做动作，边完整念歌词，鼓励幼儿轻声跟着一起念歌词。

教师：谁愿意当小雪花，和我一起歌唱？

幼儿贴上胸饰跟着老师轻轻唱歌，无伴奏。

幼儿和教师一起学唱歌曲两遍，有伴奏。

幼儿大胆跟着音乐用好听的声音演唱歌曲。

三、幼儿边唱歌边用动作表现。

教师：小雪花们，让我们一边唱歌一边跳舞，轻轻地、美美地从天上飘下来吧！

第一遍表演唱要求："用轻柔、自然"的声音演唱歌曲。

第二遍表演唱要求：唱歌的同时，用轻柔的动作表现小雪花飘落的姿态。

第三遍表演唱要求：散点状站立，用好听的声音、优美的舞蹈表演唱。

幼儿当小雪花边歌唱边表演，教师当接住小雪花的孩子，在乐曲结束的时候说："看！我接住的美丽的小雪花飘落到手里都不见了！"

活动建议

尝试创编各种体态动作，模仿小雪花跳舞的各种优美姿态，将这些动作集体汇总到歌唱表演中，组合成一个简单、完整的舞蹈节目，在庆祝新年的时候，鼓励幼儿大胆进行表演。

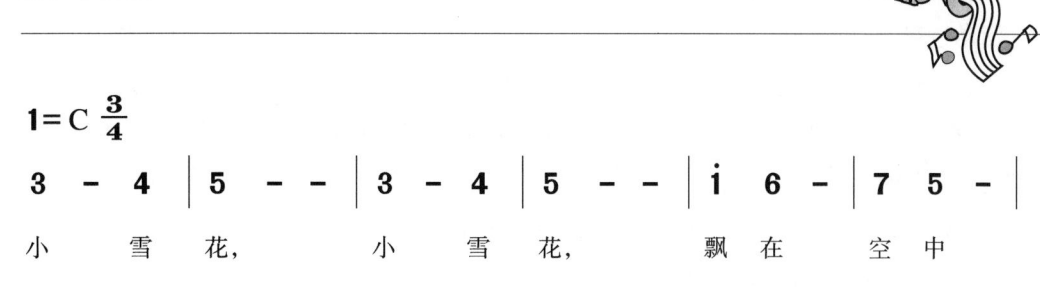

```
6 - 4 | 5 - - | 1 - 2 | 3 - - | 1 - 2 | 3 - - |
 像    朵 花;    小  雪 花,      小  雪 花,

4 3 - | 4 2 - | 4 - 3 | 2 - - | 3 - 4 | 5 - - |
飘 在  窗 上   像 窗 花;        小  雪 花,

3 - 4 | 5 - - | i 6 - | 7 5 - | 6 - 7 | 1 - - ‖
小   雪 花,    飘 在   手 中   不 见   了。
```

活动三 下雪啦（美术）

活动目标

1. 感受雪景的美丽和雪人的可爱，尝试使用大小圆片粘贴雪人，运用水粉笔、颜料等工具表现下雪的情景。

2. 在观察、探索、讨论交流的过程中获得运用材料进行装饰、添画的基本方法。

3. 喜欢玩"下雪"的游戏，感受创作的乐趣。

活动准备

物质准备：1. 大小圆片若干；2. 深色卡纸、胶棒、抹布、水粉笔、白颜料、白纸；3. 有关雪人雪景的图片（PPT）。

经验准备：参加过堆雪人的活动。

活动过程

一、观看 PPT，欣赏下雪的景色，感受雪后的意境。

1. 教师：瞧，下雪了，雪花一片片地纷纷扬扬、飘飘洒洒从天空中落下来！树上、房子上都是白茫茫的。

2. 教师：下雪啦，谁站在外面呢？我们走近看一看。

二、观察图片，了解雪人的构成。

1. 教师出示图片。

教师：雪地里站着一个小雪人。你们堆过雪人吗？小雪人是什么样子的？

2. 幼儿有序观察图片，交流雪人的外形特征。

（1）教师引导幼儿整体观察。

教师：小雪人的头是什么形状的？小雪人的身体是什么形状的？它的胳膊在哪里？我们可以用什么材料来做小雪人的胳膊？

（2）教师引导幼儿局部观察。

教师：小雪人的脸上有什么？我们可以用什么材料来做小雪人的五官？

教师：小雪人的头和身体都是圆圆的，这两个圆一样大吗？哪个圆小？哪个圆大？

三、教师出示自己制作好的雪人，引导幼儿观察。

1. 教师：我的小雪人是什么样子的？哪个小朋友能说一说，老师的小雪人是怎么做的？

2. 教师小结。

四、教师示范、幼儿学习。

1. 教师：这两个圆，怎么才能变成小雪人呢？小雪人的脸上可以加些什么？我们还可以为小雪人做些什么，让它更漂亮？

2. 教师：制作好小雪人，请小朋友用水粉笔和白色的颜料点出飘落的小雪花吧！让小雪人在漫天飞舞的雪中快乐地舞蹈！

幼儿尝试制作，教师巡回指导。

幼儿自由创作，发挥想象装饰雪人。

五、展示与讲评幼儿作品。

教师总结幼儿添加的物品，展示作品，并请幼儿进行分享交流。

活动建议

教师可以为幼儿提供一些自然材料和手工材料，从而为幼儿装饰雪人拓宽思路，激发幼儿的操作欲望。

活动四 圣诞的祝福（社会）

活动目标

1. 能与哥哥姐姐交流，会说"圣诞快乐"。
2. 了解赠送礼物是表达对别人的关心和祝福。

3. 愿意与哥哥姐姐共享礼物，体验节日的快乐。

活动准备

物质准备：1. 圣诞树1棵；2. 装有礼物的圣诞袜子若干。

经验准备：有过圣诞节的经历。

活动过程

一、随乐进场，感受欢快的氛围。

教师和幼儿一起进行节日装扮，随着欢快的音乐进场跳舞。

二、通过客人老师送礼物，了解赠送礼物的意义。

1. 教师：圣诞节到了，我们每个小朋友都得到了一份礼物。谁会给你送礼物呀？

2. 教师：猜一猜，这颗圣诞树上的礼物是谁送给我们的呢？

3. 教师小结。

教师：圣诞节是西方的节日，这一天圣诞老人会送礼物，但今天这个不是圣诞老人送的，猜一猜是谁送的？

4. 哥哥姐姐送礼物，学说"圣诞快乐"。

（1）教师：小朋友们你们好，圣诞节就要到了，今天我们给你们每个人都带来了一份礼物，祝你们圣诞快乐！

教师：我们也和哥哥姐姐打声招呼吧，祝哥哥姐姐"圣诞快乐"。

（2）教师：哥哥姐姐，这棵圣诞树上的礼物是你们带来的吗？为什么要给我们送礼物呢？

哥哥：小朋友们猜一猜我为什么要给你们送礼物呀？

哥哥：因为你们很能干、很有礼貌，我们很喜欢你们，所以给你们每个人带了礼物。而且圣诞节送礼物，是一个传统的习俗，表示大家互相关心、问候。

教师：得到礼物，心里感觉怎么样呀？送礼物的人和得到礼物的人都很开心，大家一起分享快乐。

（3）教师：这些袜子里装的是什么礼物呢？你们想不想知道？那我们就去找一位哥哥姐姐问一问，袜子里装了什么礼物，一起把送给你的那份礼物找出来。（事先和哥哥姐姐明确，和幼儿交流时引导幼儿找同样花色的袜子）

三、通过和哥哥姐姐互动，增强交往能力，分享快乐。

1. 幼儿和哥哥姐姐一起找自己的圣诞袜，揭开圣诞礼物的秘密。

2. 品尝圣诞礼物，鼓励幼儿主动和哥哥姐姐分享。

教师：盒子里有这么多糖呀，你愿意和谁一起分享呀？

活动建议

鼓励幼儿自己制作串珠等圣诞礼物，送给喜欢的人。

活动五 小兔修房子（数学）

活动目标

1. 巩固对圆形、三角形、正方形等基本图形的认识。
2. 在"修房子"的游戏中，探索、感知图形之间的转化关系并进行拼合图形活动。
3. 体验图形拼贴带来的成功乐趣。

活动准备

物质准备：

1. 用海绵纸制成的房子，墙面上镂刻大小不同的圆形、三角形、正方形。镂刻下来的图形做成石块；（将个别圆形、正方形两等分）
2. 兔妈妈胸饰；
3. 小兔游戏音乐。

经验准备：

幼儿认识圆形、三角形、正方形等图形。

活动过程

一、设置小兔回家游戏情境，引发幼儿的兴趣。

1. 情境一：小兔去草地做游戏。
2. 情境二：小兔回家。

教师：兔宝宝们，我们在草地上已经玩了很久了，该回家了。

二、创设问题情境，引入修房子的话题。

1. 观察房子。

教师：我们的房子坏了，有一个个小洞洞，都是什么形状的洞呢？

2. 幼儿交流、讲述自己看到的洞。

三、尝试解决问题，一起"修房子"。

1. 师幼讨论。

教师：房子有了一个个洞洞，这可怎么办？我们一起来修房子吧！

2. 观察石块图形，复习对圆形、三角形、正方形的认识。
3. 幼儿探索操作"修房子"，教师观察指导。

四、探索、尝试进行组合图形"修房子"。

1. 感知剩下的"洞"及"石块"的形状特征。

引导幼儿观察，教师提问。

教师：围墙还没有完全修好，可是没有合适的图形"石块"了怎么办？

2. 幼儿探索用"石块""修房子"。

幼儿尝试组合图形。（如：幼儿把2个半圆形变成1个圆形、2个长方形变长1个正方形）

3. 集体进行探索，总结组合图形"修房子"的方法。

4. 幼儿再次探索操作，巩固认知。

五、小兔回到家，活动结束。

第二周　活动一　小花狗与大石头（语言）

活动目标

1. 学习有表情地朗诵儿歌，丰富相应的词汇："出门""跌"。
2. 通过玩手指游戏、集体表演，感知、理解儿歌的内容。
3. 体验童谣的幽默有趣。

活动准备

物质准备：1. 毛绒小狗玩具一个；2. 道具大石头一块；3. 圆舞板一个。

经验准备：玩过手指游戏，了解手指游戏的规则。

活动过程

一、教师引导幼儿了解儿歌中的角色。

1. 教师出示毛绒小狗玩具，引起幼儿的兴趣。

教师：这是谁呀？你们猜猜，它出门去干什么？

二、教师演示毛绒小狗，示范朗诵儿歌。

1. 教师边演示毛绒小狗边朗诵，表演《小花狗与大石头》。

（1）教师讲到"一只小花狗"时，出示左手上的毛绒小狗。

（2）教师讲到"出门走走走"时，让毛绒小狗做出走路的样子。

（3）教师讲到"碰到大石头"时，右手握拳当作大石头，让毛绒小狗碰在大石头上。

（4）教师讲到"摔个大跟头，骨碌骨碌碌……"时，做两臂在胸前前后绕圈的动作。

2. 教师：你听到儿歌里说了什么事？儿歌里是怎么说的？

教师用儿歌里的话帮助幼儿整理和提升。

在幼儿回答的过程中，帮助幼儿用身体动作模仿，理解词语："出门""跌"。

三、教师带领幼儿一起朗诵儿歌。

1. 在毛绒小狗的提示下，幼儿跟随教师一起朗诵儿歌。

教师：下一次朗诵的时候，老师的声音小一点，你们的声音大一点，好吗？

2. 幼儿跟随教师完整地念儿歌。

教师：还有什么好办法来念儿歌？

3. 师幼用接念的方式有感情地朗诵儿歌，教师念前一句，幼儿念后一句。

教师：我们换个办法念儿歌吧，老师念一句，你们念后一句。

4. 请个别幼儿在右手食指上套上小狗指偶，边念儿歌边表演手指游戏。

四、教师出示圆舞板，带着幼儿一边打节拍，一边念儿歌。

附：儿歌

一只小花狗，出门走走走，碰见大石头，摔个大跟头，骨碌骨碌碌……

活动二　大灰熊（音乐）

活动目标

1. 初步熟悉歌曲，尝试用肢体动作表现音乐的强弱，创编不同的木头人造型并克制不动。
2. 通过创设故事情境，让幼儿理解游戏规则，知道在唱到"摇"字时才开始摇醒大灰熊。
3. 乐意与老师及同伴一起参加音乐游戏，并能遵守游戏规则。

活动准备

物质准备：1. 自制故事PPT；2. 大灰熊头饰。

经验准备：

1. 幼儿玩过克制游戏；
2. 布置故事情境；
3. 事先请配班教师扮演大灰熊。

活动过程

一、创设故事情境，导入活动。

1. 边播放PPT边讲述故事。

教师：在美丽的大森林里，树叶黄了，一片片落下来，小动物们正忙碌地为过冬做准备。有一只大灰熊却早早地躲在山洞里睡觉了。怎么办呢？这时，来了一群小朋友，他们悄悄地走上去,想摇醒大灰熊。他们轻轻地摇着,大灰熊被摇醒了,它睁开了一只眼睛。突然,(音效:砰砰)大灰熊发怒了!它非常生气!瞧,小朋友想了什么好办法呢?对,变成木头人不动。大灰熊左看看、右看看,没发现什么,就又回去睡觉了。

2. 一边播放PPT一边有节奏地念歌词。

教师:大灰熊又睡着了,我呀,还把这个好听的故事编成了一首儿歌呢,我们一起来听一听。

二、创编动作,进一步感受歌曲的游戏情境。

1. 引导幼儿创编大灰熊发怒的动作。

教师:大灰熊发怒的样子是怎么样的?哦,它张大了嘴巴,伸出了爪子,还瞪大了眼睛。看见了吗?山洞里的大灰熊生气的时候还站起来了。

2. 教师示范演唱歌曲一遍,幼儿表演发怒的大灰熊。

教师:你们学地真像,现在要请你们再来学学这只大灰熊!待会儿我会来摇醒你们哦!如果摇醒你们了,你们就要怎样?对,发怒。好,大灰熊睡觉了。

三、了解游戏规则,并尝试分角色游戏。

1. 学习合乐做轻轻走路的动作。

教师:刚才,你最像发怒的大灰熊了,请你来扮演大灰熊。大灰熊在洞里头静静地睡着了。我要去摇醒它,谁愿意和我一起去,我们该怎样走上去?(悄悄地、慢慢地、一步一步地)当大灰熊发怒的时候,我们要怎么样?(立刻变成木头人,一动也不动)

2. 知道在唱到"摇"字的时候,才可以开始摇大灰熊。

教师:大灰熊东瞧瞧、西看看,发现都是些木头人,又回洞里睡着了。刚才你们发现我们是唱到哪一句歌词的时候才开始去摇大灰熊的呢?("如果你去摇醒它呀"的"摇"字开始摇的)我们一起来试试。小手伸出来。(重点练习)

3. 创编不同的木头人造型。

教师:瞧,我变成了什么样子的木头人了?你呢?我们再来试一试,变一个不一样的。(重点练习)

4. 请4~5名幼儿扮演小朋友,1人扮演大灰熊,再次合作游戏一次。

教师:还有谁愿意来做大灰熊?谁愿意和我一起去摇醒大灰熊?(请四五个孩子和教师一起去)记住了,当我们唱到"如果你要摇醒它呀"的"摇"时才可以开始摇哦。

四、互换角色,完整地游戏两遍,提醒幼儿可以一边唱一边玩游戏。

教师:还有很多小朋友说想要扮演大灰熊,我想了一个好办法,我们先请这一半的小朋友演大灰熊,另一半的小朋友演小朋友,然后再互换。

五、情境游戏两遍。

1. 第一次游戏。

教师：告诉你们一个秘密，山那边真的有一只大灰熊，快过冬了，它什么都没有准备，就早早地在山洞里睡着了，我们一起去摇醒它，让它和我们一起做游戏！我先去看看，它睡着了没有？孩子们，我们一起去摇醒它吧！大灰熊要是发怒了，我们怎么办呢？

2. 第二次游戏。

教师：大家都回来吧！真是好险哪！唉，这只大灰熊怎么又睡着了，真是只大懒熊！怎么办呀！这次，我们再去喊它吧！

3. 情境表演：和大灰熊跳舞。

大灰熊：是谁呀？是谁把我吵醒的？

教师：大灰熊，大灰熊，是我们！别那么早睡觉呀！和我们一起做游戏吧！

大灰熊：噢，是你们呀！那好吧。

教师：请大灰熊和我们一起来跳个舞吧！（一起跳拍手舞）

教师：大灰熊，让我们一起到外面去找粮食吧！（结束活动）

附：大灰熊

1 1	1 3	2 2	2 4	3 1	2 7	1 —
一只	大灰	熊呀	睡在	洞里	头，	

3 3	3 5	4	4	2 2	2 4	3	3
请你	走路	轻	轻，	非常	非常	轻	轻，

1 1	1 3	2 2	2 4	3 1	2 7	1 —
如果	你去	摇醒	它呀	它就	要发	怒。

活动三 暖暖的围巾（美术）

活动目标

1. 欣赏妈妈的条纹围巾，感受条纹色彩和排列方式的不同。
2. 尝试用水粉笔或棉签间隔画出条纹装饰围巾。
3. 喜欢生活中有条纹的物品，尝试自己制作围巾。

活动准备

物质准备：1. 三组色系颜料、水粉笔若干；2. 小动物头像（数量与幼儿人数相同）。

经验准备：幼儿有使用水粉笔绘画的经验。

活动过程

一、情境导入，初步感受条纹创意的美。

教师：森林里开了一家围巾商店，我们去给妈妈选一条条纹样式的围巾吧。

二、欣赏图片，感受条纹的不同搭配组合方式。

1. 出示实物围巾，引导幼儿整体感知并发现条纹围巾的美。
2. 教师：这些围巾中，你最喜欢哪条围巾？围巾上有哪些颜色？
3. 逐一观察条纹围巾各种不同的排列方式。
4. 引导幼儿发现围巾的条纹颜色以及条纹的不同排列方式。
5. 教师小结。

教师：这些新款领带都是条纹图案的，但是有的是竖条纹的，有的是横条纹的，有的是斜条纹的。颜色也都不同，都是间隔排列的。

三、幼儿探索用水粉笔绘画围巾的方法。

1. 幼儿大胆设计、交流自己的构想。
2. 教师介绍绘画材料、工具的使用方法。
3. 邀请个别幼儿尝试操作。

四、幼儿自由创作，教师巡回指导。

1. 鼓励幼儿尝试用不同方向的排列组合方法（横条、竖条、斜条）和颜色（间隔）设计条纹。
2. 提醒幼儿使用水粉绘画时，注意保持画面整洁。

五、交流欣赏幼儿作品,感受条纹创意的美。

1. 幼儿将设计绘画的围巾给自己戴上或者给小动物们戴上。

2. 幼儿结伴交流自己的围巾。

活动四 冬天不怕冷(健康)

活动目标

1. 知道锻炼能使身体保持暖和,了解冬季的一些御寒方法。

2. 在成人的鼓励下坚持早起入园,逐步锻炼坚强的意志。

3. 乐意参加讨论,体验帮助他人的快乐。

活动准备

1. 创设"早入园宝宝"专栏。

2. 情境表演《赖床的小兔》。

3. 视频《我们一起做运动》。(可请家长协助拍摄在冬季运动后出汗、脱去外套的视频)

活动过程

一、师幼一起观看"早入园宝宝专栏"。

教师:今天,我们一起来看看每天坚持到幼儿园的宝宝有哪些。

二、听故事或看大班幼儿情境表演故事《赖床的小兔》。

1. 看表演,了解、体会小兔在冬天里遇到的麻烦事。

教师:小兔怎么了?小兔为什么要躲在被子里不起来呢?

教师小结:故事里的小兔觉得天气太冷了,不愿从暖和的被子里出来。

2. 师幼讨论。

教师:冬天太冷了,我们怎么样做才能让自己的身体暖和起来,变得不怕冷呢?

3. 引导幼儿从饮食、穿着方面讨论冬天御寒的方法。

教师:冬天,我们应该吃什么样的食物,才能让我们的身体暖和起来?

教师:冬天,我们应该穿什么样的衣服,才能让我们的身体暖和起来?衣服是不是穿得越多越好?衣服穿得太多,我们会怎样?

教师:我们除了在冬天里吃热的食物,穿合适的冬衣以外,还有什么好办法让自己不怕冷?

4. 观看图片或视频短片《我们一起做运动》。

三、拓展经验：哪些运动可以让自己暖和起来？

1. 幼儿说出哪项运动，教师就和幼儿一起做这项运动。

2. 师幼到户外运动，教师给幼儿贴红花鼓励。

教师：小兔不知道怎样运动，也不知道体育锻炼会不会真的可以使自己不怕冷。我们一起去试一试，好吗？（带领幼儿自选运动器材玩玩）

3. 教师在户外随机观察，随机提问。

教师：你在玩什么？你还冷吗？

教师随机摸摸幼儿的小手、小脸，再请幼儿互相摸摸，感受身体变得很暖和。

四、教师小结。

教师：听，"呼——"，北风爷爷吹来了，现在你们还怕不怕冷，我们一起对北风爷爷说"北风爷爷，我不怕冷"。

活动五 解救玩具宝宝（科学）

活动目标

1. 通过观察、操作，感知冰的特征和发现冰融化成水的现象。
2. 积极尝试探索将冰融化成水的方法，愿意将自己的方法告诉大家。
3. 对冬天大自然的变化产生兴趣和探究欲望。

活动准备

物质准备：

1. 纸箱一个；2. 里面装有若干物品，如冰块（中间有被冻住的"玩具宝宝"的冰块，数量同幼儿人数）、抹布、热水袋、玩具刀、小木槌、托盘等。

经验准备：

在日常生活中接触过冰，玩过冰。

活动过程

一、通过游戏，引导幼儿运用多种感官感知冰的特性。

1. 教师出示箱子。

教师：谁愿意上来摸一摸，箱子里有什么？

2. 教师引导幼儿用手边摸边讲述：感觉怎样？你的手上会有什么？

3. 教师揭晓谜底。

教师：原来箱子里装的是冰块啊！

4. 教师请幼儿上来拿一块冰，摸一摸，并进行师幼讨论。

教师：冰放在手里感觉怎么样？用你的小鼻子闻一闻，有什么气味？看一看是什么颜色的？

5. 教师小结。

教师：冰放在手里硬硬的，凉凉的，摸上去滑滑的，透明的，没有味道。

二、通过观察，了解冰遇热会融化成水，引导幼儿说一说自己的发现。

1. 教师：请小朋友看看自己手上的冰有什么变化？手上的水是从哪里来的呢？

2. 教师小结。

教师：我们的手心热热的，冰块放在手上，遇到热就会慢慢融化变成水。

三、设置情境，进一步引起幼儿的探索兴趣。

1. 教师：老师这里有一些玩具宝宝都被冻住了，请小朋友们帮帮他们，让他们从冰块里出来，我们该怎么做呢？

2. 引导幼儿自由讲述，教师记录，探索"解救玩具宝宝"的不同方法。

幼儿自由讲述解救玩具宝宝的方法，教师用符号记录幼儿讲述出来的方法并进行归纳总结。

四、尝试"解救玩具宝宝"的方法。

1. 教师：刚才大家想了解救玩具宝宝的不同方法，有的说用小木槌砸开冰块；有的说用热水袋融化冰块；有的说用小刀切开冰块。那就请你们选择其中的一种方法来解救玩具宝宝。老师如果没有准备你所要的材料，你也可以在班级中找一找替代物，大胆尝试。

2. 幼儿自由选择一种方法解救玩具宝宝，教师引导幼儿在操作过程中仔细观察并大胆讲述自己的发现。

五、介绍"解救玩具宝宝"的方法。

1. 教师：你是用什么方法解救玩具宝宝的？你发现了什么？

2. 师幼共同对比哪种方法最快速且安全卫生。

第三周 活动一 敲锣打鼓放鞭炮（音乐）

活动目标

1. 初步熟悉乐曲《敲锣打鼓放鞭炮》的旋律，感受乐曲的节奏变化，能有节奏地模仿敲锣、打鼓、放鞭炮的动作，较准确地掌握放鞭炮时"嘭""啪"的声音节奏。

2. 观察、学习教师夸张的身体动作提示，初步感受提示在动作练习中的作用。

3. 做动作时注意控制身体动作的幅度，不影响身边的同伴。在模仿动作的表演中体验节日的热闹和快乐。

活动准备

物质准备：1. 锣、鼓各一个；2. 音乐《敲锣打鼓放鞭炮》。

经验准备：幼儿看过放鞭炮，丰富相关经验。

活动过程

一、复习歌曲《新年好》。

1. 教师弹奏歌曲的前奏，幼儿说出歌名。

2. 教师引导幼儿听伴奏演唱。

3. 教师带领幼儿唱歌，根据幼儿的提议，在强拍处做拍身体的动作。

二、教师逐一介绍乐器——锣和鼓，幼儿模仿演奏乐器的动作和节奏。

1. 教师出示锣并提问。

教师：这是什么？谁认识？怎么演奏？请幼儿说说、做做。（如幼儿说不出，教师则告诉幼儿锣的名称，并演示锣的演奏方法，引导幼儿注意演奏锣的节奏 × —｜× —｜× —｜× —｜，请个别幼儿用动作模仿锣的演奏）

教师：锣是怎么敲的，谁来学一学？

教师边用夸张的动作敲锣，便带领幼儿有节奏地做敲锣的动作。

2. 教师出示鼓，引导幼儿说说：这是什么，怎么演奏？（如幼儿说不出，教师告知幼儿鼓的名称，并演示打鼓的演奏方法，引导幼儿注意演奏打鼓的节奏是 × ×｜× ×｜× ×｜× ×｜，请全体幼儿用动作模仿鼓的演奏）

教师：鼓是怎么敲的？大家来学一学。

教师先用夸张的动作打鼓，然后带领幼儿有节奏地做打鼓的动作。

三、教师引导幼儿尝试将动作与音乐匹配。

1. 教师完整地弹奏乐曲，幼儿初步感受乐曲的节奏。

教师：这段音乐是表示敲锣、打鼓、放鞭炮的，你们听一听。

2. 教师分句哼唱音乐旋律，突出不同的节奏特点，如：第一句放慢速度，突出强拍；第二句略快，突出连续节奏，引导幼儿将动作与音乐匹配。

教师：这个乐句像在做什么？做做看。

3. 教师调动幼儿已有经验，引导幼儿用动作模仿放炮仗。（如"嘭"时在下方拍一下，"啪"时在上方拍手一次，并在做放炮仗动作时加上象声词"嘭""啪"。）

教师：炮仗先在哪里，后来又到哪里？放炮仗时有什么声音？

4. 教师边哼唱音乐的旋律，边用夸张的体态动作提示幼儿动作节奏的变化，幼儿尝试和着音乐的节奏做敲锣、打鼓、放鞭炮的动作。

5. 教师引导幼儿听音乐做敲锣、打鼓、放鞭炮的动作。

（1）教师引导幼儿观察相关动作。

教师：刚才做了哪些动作？我们怎样能知道什么时候该换动作了？（注意听音乐、看教师提醒等）

（2）教师带领幼儿完整地听音乐做动作，提醒幼儿注意观察教师的动作及倾听节奏型的变化，及时变换动作和节奏/速度。

6. 教师引导幼儿反思记不住动作的时候怎么办。

教师：你发现老师做了哪些动作提醒你？

再次完整练习。

活动建议

1. 如果幼儿没有动作与音乐匹配的经验，环节 3 可改为由教师直接示范，让幼儿通过模仿来学习律动；在环节 4，教师根据幼儿的学习情况，不要急于退出，始终用示范动作带领幼儿活动，以帮助幼儿达到有节奏地做动作的目的。

2. 活动延伸：在幼儿熟悉旋律的基础上，可将旋律活动发展为打击乐活动，教师引导幼儿根据动作的节奏来演奏打击乐器，根据锣、鼓、炮仗的音色、力度的不同，选择相应的乐器进行匹配、演奏。教师还可以变换其他的节奏型演奏锣、鼓等乐器，让幼儿尝试拍出不同的、简单的节奏型，感受节奏的变化和多样，积累相关经验。

附：**敲锣打鼓放鞭炮**

$5 - | 5 - | 5\ 3 | 5\ 6 | \dot{1}\ \dot{3} | \dot{2}\dot{1}\ 6 | 5 - | 5 -$

$\dot{1}.\dot{2}\dot{1}\dot{2} | \dot{1}\ 6 | 55\ 56 | 5\ 3 | 2\ 5 | 65\ 32 | 1 - | \dot{1} - \|$

活动二 冬天怎么穿（健康）

活动目标

1. 知道在冬季穿保暖的衣服可以让自己的身体不冷。
2. 通过看表演、讨论、户外体验等活动，认识冬季的各种保暖衣服，有保护自己的意识。
3. 在集体讨论中体验一同学习的快乐。

活动准备

物质准备：

1. 布置好的服装商店（挂有各个季节的衣服）；2. 穿着夏装的布娃娃。

经验准备：

认识夏天、冬天这两个季节的服装。

活动过程

一、观看情境表演，知道冬天穿单薄的衣服会生病。

1. 情境表演：下雪了，娃娃要穿布裙。妈妈说天冷，要穿棉袄。娃娃不肯，结果穿上了花裙子，娃娃感冒了。

2. 师幼讨论。

教师：娃娃为什么病了？你觉得冬天穿单裙是不是很漂亮？

教师小结：天冷穿单裙，人的身体受不了，所以生病了。生病难受没精神，可就说不上漂亮了。

3. 教师：冬天天气真冷啊，可是娃娃还穿着夏天的衣服，快要冻出病了，你们能不能帮娃娃买一些冬天穿的衣服？

二、认识冬季和夏季衣服的特征，知道冬季服装可以保暖。

1. 引导幼儿观察冬季和夏季服装的特点。

教师出示一些冬季和夏季的衣服，请幼儿上来进行分类。

教师：请小朋友来分一分，哪些是冬天的衣服？哪些是夏天的衣服？冬天的衣服看上去是什么样的？摸上去有什么感觉？夏天的衣服看上去是什么样的？摸上去有什么感觉？

教师小结：冬天的衣服看上去很厚，拿起来重重的……；夏天的衣服看上去很薄，拿起来很轻……

2. 幼儿分别感知不同的冬季服饰（羽绒衣、棉背心、围巾、耳套、手套、口罩、帽子等），丰富词汇：厚厚、毛茸茸、暖和等。

3. 幼儿选择合适的衣服送给娃娃穿。

教师：现在是什么季节？你觉得娃娃该穿什么样的衣服？请你来帮娃娃选一选。

幼儿帮助娃娃选择合适的服装。

三、户外体验，迁移自身经验。

1. 幼儿穿戴合适的衣服，去室外散步。

2. 师幼讨论。

教师：冬天应该怎样穿衣？是不是衣服穿得越多越暖和？为什么？（出门穿羽绒棉袄、戴口罩、帽子等，进门及时脱下放整齐，换上棉背心）

活动建议

在挑选冬季衣服的过程中，幼儿如不能用词汇形容冬季的服装，教师需进行必要的提示。

活动三　放鞭炮（体育）

活动目标

1. 练习原地向上纵跳，发展身体的协调性。
2. 游戏中学会避让，能眼看前方不碰撞他人。
3. 乐意参加冬季体育活动，不怕寒冷。

活动准备

物质准备：1. 火柴棒（用纸卷成长约 40 cm，一头粘有纸团）；2. 音乐《敲锣打鼓放鞭炮》《新年好》。

经验准备：会玩音乐游戏"敲锣打鼓放鞭炮"。

活动过程

一、开始部分。

师幼一起听音乐做"敲锣打鼓放鞭炮"的律动，教师提醒幼儿按照节奏做动作。

二、基本部分。

1. 教师出示火柴棒，引起幼儿参与活动的兴趣。

教师：老师扮演点鞭炮的人，小朋友扮小鞭炮，我们一起玩"放鞭炮"的游戏吧！

2. 游戏"放鞭炮"。

教师：火柴棒碰到小鞭炮，小鞭炮就会怎样？

教师鼓励幼儿向上跳起，模仿鞭炮爆炸的动作，并请全体幼儿一起尝试。

游戏玩法：幼儿四散站好，教师带幼儿一起念儿歌"新年到，新年到，爸爸带我放鞭炮，鞭炮鞭炮放得高，噼噼啪啪，快逃呀！"依次用火柴棒点幼儿，被点的幼儿就用力向上跳起，模仿鞭炮爆炸，同时嘴里发出"嘭""啪"的声响。

3. 幼儿玩向上纵跳时，教师提醒幼儿膝盖微微弯曲再跳。

4. 增加游戏情境，提高幼儿运动量。

教师：爆炸的鞭炮会怎样啊？我们用什么动作可以表示鞭炮爆炸后四散飘落呢？

增加情境，被点到的幼儿向上纵跳后四散跑，模仿鞭炮爆炸，同时嘴里发出"嘭""啪"的声响。跑一圈回来可以继续站在原地等待被点！

5. 重复游戏，教师提醒幼儿奔跑时眼睛看前方，不要碰到他人。每次练习可适当延长幼儿奔跑的时间和点到的人数，增加幼儿的运动量和向上跳起的次数。

游戏过程中表扬能躲闪跑和能根据信号做向上跳动作的幼儿。幼儿扮演点炮人，继续游戏。

三、结束部分。

听音乐《新年好》，幼儿跟着教师一起表演，做放松整理动作。

活动四　快快乐乐过寒假（社会）

活动目标

1. 知道寒假是冬天的假期，会在家人的照顾下愉快、合理地过寒假。
2. 通过和小布偶的互动，增强对事物的判断能力。
3. 了解假期中要注意的安全事项，体验快快乐乐过寒假的情感。

活动准备

物质准备：1. 小兔布偶；2. 电脑课件。

经验准备：已排练好木偶表演。

活动过程

一、出示课件，引出有关寒假的话题。

1. 教师：新年到了，动物幼儿园放假啦！你们知道小动物们要放什么假吗？（寒假）放寒假小动物们就不来幼儿园了，它们会和爸爸妈妈在家里准备过新年。

2. 教师：我们幼儿园也要放寒假了，你们知道是什么时候开始放假吗？

二、组织幼儿讨论怎样安全、合理地过寒假。

1. 教师：放假了你们会在家里做什么事情呢？
2. 幼儿自由发言。
3. 教师：小动物们放寒假了，他们会在家里做什么呢？我们一起去看看，好吗？
4. 布偶小兔表演（1）：天亮了，小兔还在睡觉，兔妈妈喊她她也不起床。好朋友到家里来找她玩，她饿着肚子就出门了。玩了一会就没力气了。讨论寒假中在家里应该什么时间起床，什么时候吃饭。
5. 布偶小兔表演（2）：小兔在家里玩，看看书，画图画，搭积木。看了一会动画片后，就把电视关了，小兔说，"不能长时间看电视，不然眼睛会不好的。"
6. 师幼讨论。

教师：小兔做得好不好？我们在家里也可以像小兔一样做一些有趣的事情。玩的时候要注意什么？

7. 教师小结。

教师：放寒假在家里的时候要按时睡觉，按时起床。爸爸妈妈准备好饭的时候，我们就要按时吃饭。在家里可以玩玩具，看书，做做操。看电视的时间不要太长。也可以和好朋友一起玩，做一些开心的事情。

三、通过小布偶的悄悄话，了解在家里的一些安全知识。

1. 教师：小兔子还有一些悄悄话要告诉我们呢，她把这些都画出来了。你们能看懂吗？
2. 观看课件，了解家中的安全常识。
3. 教师小结。

教师：在家里，不要触碰电源插座；不要随便进厨房，不动刀和煤气灶；不在床上、沙发上蹦跳，防止摔倒，摔伤……出门的时候要搀好大人的手，不能独自跑开。只有注意安全，才能过个开心的假期。

四、和小兔一起演唱歌曲，结束活动。

小兔：祝大家有个快乐的寒假，等我们再见面的时候请你告诉我，假期里有什么开心的事情。

活动五　美丽的冬天（美术）

活动目标

1. 观察雪景，感受冬季雪景的美。
2. 能把纸条撕成大小不同的碎片，散点式的粘贴在画面中。
3. 享受撕纸活动带来的快乐，活动结束时能参与将碎纸片收拾干净。

活动准备

物质准备：

1. （如果没有下雪，就出示课件），有房子、树的立体背景图；音乐《小雪花飘啊飘》；
2. 白纸若干、胶水；
3. 为幼儿做好着装、安全等外出活动的准备。

经验准备：到户外散步时感受冬天雪景的美。

活动过程

一、欣赏雪景，感受雪景的特征。

1. 下雪天，带幼儿到室外玩雪，运用多种感官感受雪花的特征，欣赏美丽的雪景。（如果没有下雪，就与幼儿共同欣赏课件）

幼儿猜谜。

教师：小小白花天上栽，一夜北风花盛开。千变万化六个瓣，飘呀飘呀落下来。（雪）

2. 教师：你们有没有见过雪？雪是什么样子的？雪飘下来是什么样的呢？我们一起来接雪玩。

3. 教师带领幼儿回忆故事内容。

教师：故事里冬爷爷送给小朋友什么礼物呢？（雪花）

二、组织幼儿布置冬天的环境，并放背景音乐《小雪花飘呀飘》。

1. 教师：冬爷爷的礼物只能放在教室外，一拿回教室就融化了，想不想在教室里也能看见美丽的雪呢？我们一起来做雪花吧。

2. 出示背景图，和幼儿讨论撕雪花的方法。

教师：雪花是什么样的？（小小的）我这里只有纸条，怎么撕出小小的雪花呢？

教师：谁来撕撕看！你是怎么撕的？

教师小结。

教师：两只手的手指要互相配合，一只手往前，一只手往后，纸条就可以撕开了。

3. 幼儿尝试撕雪花，比一比谁撕的最小。

教师巡回指导，进行个别帮助。

教师指导重点：幼儿双手靠近，一前一后同时用力撕，双手协调。教师注意幼儿手工操作的良好习惯的养成，提醒幼儿操作完后将桌上的纸屑收拾干净。

三、师幼共同制作雪景。

教师在准备好的立体背景图上抹上胶水，让幼儿把撕好的雪花撒在上面，布置成下雪的情境。

指导重点：教师在幼儿粘贴时，提醒幼儿注意胶水。幼儿轮流进行粘贴，保持画面的整洁。

附 录

小班幼儿一日生活作息表（试行）

2016 年 9 月

小班作息时间安排	
时间	活动
7:45—8:00	入园
8:00—9:00	区域、生活活动、晨谈
9:00—9:10	早操
9:10—9:40	晨间锻炼
9:40—10:10	户外活动
10:10—10:30	集体活动
10:30—11:00	创造性游戏
11:00—11:10	餐前准备
11:10—11:50	午餐
11:50—12:10	散步
12:10—14:30	午睡
14:30—15:15	生活活动
15:15—15:45	户外活动
15:45—16:00	文学艺术活动
16:00	离园

日常教育、备课及环境规范要求（试行）

2016 年 9 月

分类	具体要求
日常教育教学规范	1. 教学活动要准备教学具放在手边，方便使用。区域环境和材料要及时更新，保证半数是自制游戏材料。重视创造性游戏的开展； 2. 游戏或区域活动时间是教师、保育老师观察和指导幼儿的时间，按作息安排执行幼儿一日生活，不随意拖拉； 3. 每天完成逐日计划，每天进行有目的的观察和及时的反思、总结。计划中要真实写出想做的事和正在做的事，入园及离园阶段的接待中要及时回应每一位儿童和家长； 4. 幼儿作品当天展出，每天替换、整理或增添操作材料，环境和材料要体现教育性、审美性、环保性； 5. 对班级环境变化以图文方式及时进行记录，每月 20 日前完成并上交班级区域活动记录 PPT
让幼儿的成长看得见	1. 每个主题要有相应环境，环境中要呈现主题进展、幼儿参与、家园互动，及时快速更新； 2. 为每个幼儿建立《健康成长手册》，要反映出各个主题中幼儿活动的情况，要突出幼儿某方面的能力增长情况，要有幼儿轶事记录，要有幼儿学期发展评估。其中一个主题要有 1~2 张幼儿照片、1~2 件作品，并在照片和作品上附教师的评述、文字记录（时间、内容和评价）。要和学期末的教师评估、评语建立联系，让评估有据可依； 3. 班级门口始终要体现欢迎家长和孩子的氛围，并每两周调整 1 次，体现新意和配合教育活动内容； 4. 班级里的 4 张表格：一日时间作息表、区域游戏选择表、日历表、班级职责表，成为班级活动组织的重要组成部分
让健康特色看得见	1. 以幼儿"亲近自然、热爱运动、良好品行、乐于探索"为户外活动发展目标，合理安排户外活动内容，体现教育价值，重视种植活动中幼儿的参与和记录，重点关注幼儿户外探究兴趣和能力的提高； 2. 设立健康保育互动墙面，至少每月更新 1 次，设立形式多样的健康区，例如：精细动作发展区、生活能力探索区、人际合作建构区等； 3. 每周安排 1 次体育教学活动，突出以游戏为主的基本动作练习； 4. 坚持每月 2 次户外混龄健康大活动，营造热爱运动、喜欢挑战的氛围

教师观察用表（范例）

2012 年 2 月 9 日

时间	2012 年 2 月 9 日 （上午 10:20—10:45）	地点	活动室 （建筑工地区域）
观察对象	陈××（男）、张××（男）、韩××（男）		
观察目的	观察幼儿合作建构的表现		
儿童表现及行为	今天，三个男孩子选择了建构游戏。主题是合作建构，完成一个作品。 　　陈××："我们来一起搭东西吧，搭什么呢？"半天没有人回答他的问题，"那我就自己来搭吧！"他开始自己搭起来。 　　张××在一边已经把积木架空了一层，积木不太稳当，倒了下来，"我们还是一起来搭吧！"张××发出了邀请，陈××立刻参与进来，两个人有了合作。 　　韩××在一边一个人搭建自己的大厦，"看，我的大厦，有 100 层高。"韩××骄傲地介绍着。大家都过来看，不知道谁碰倒了积木，"哗"地一下全倒了，韩××大叫起来，发起了脾气。 　　十几分钟过去了，三个人还是什么作品都没有。但韩××已经开始加入了张××、陈××的合作中，作品是一个围合的房子，他们把它命名为"世界大楼"		
分析	1．合作建构对这三个幼儿来说，有一定的难度，互相之间不能配合、协商，还停留在平行游戏状态； 2．建构技能运用方面，初步掌握了平铺、围合、简单架空，还不能运用更多的技能		
措施	1．提供更多的合作游戏、合作学习的机会，让幼儿知道什么是合作，怎样合作，学会合作的方法； 2．在下午时间，适当增设建构游戏的集体性教学，教给幼儿一些建构方法； 3．增加同伴间的分享学习，观赏同伴的作品进行学习		

提供者：王妍

幼儿相片作品记录表（范例1）

姓名：子萱　　　　日期：4月10日　　　　学期初■　　　　学期末□

相片：

评语：
　　子萱还是不愿意放下她的小熊，哪怕是在户外搭积木的时候还带着。搭积木的过程中子萱的注意力是非常集中的，她试着把一块块积木连起来变成一列火车。小熊这个时候已经被她压在了手底下，变得扁扁的。可是即便这样，子萱还是不忘记她的小熊。

领域	核心项目1	核心项目2	个人项目
健康	□	□	□
科学	□	□	□
语言	□	□	□
艺术	□	□	□
社会	■	□	□
户外	□	□	■

提供者：杨己洁

幼儿相片作品记录表（范例 2）

姓名：周××　　　日期：2012 年 2 月 28 日　　　学期初■　　　学期末□

相片：

评语：

　　周××在健康区中学习使用筷子给蔬菜分类。由于这个游戏已开展了一段时间，幼儿都已学过如何正确拿筷子，因此他的基本动作还是比较正确的。在夹取较大的蚕豆和杨花萝卜时，不费力地就能很快夹出来。在夹最小最滑的豌豆时，他发现和刚才比就难了，这时周××先把筷子对齐，手拿着筷子的最下端，很想用力。这对于初学筷子的幼儿还是很有挑战性的。在练习时，要鼓励周××坚持手持筷子的中上端，通过多次练习掌握灵活使用筷子的方法。

领域	核心项目 1	核心项目 2	个人项目
健康	□	□	□
科学	□	□	□
语言	□	□	□
艺术	□	□	□
社会	■	□	□
户外	□	□	□

提供者：王灿灿

《儿童日记》（范例）

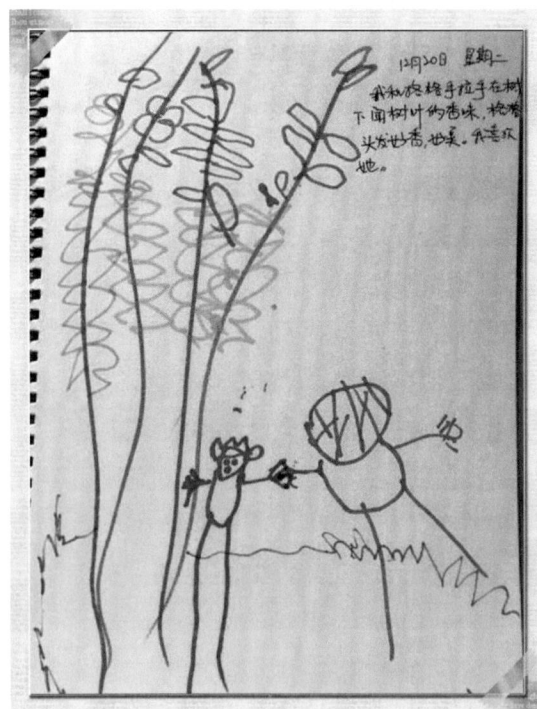

小班《儿童日记》（一）

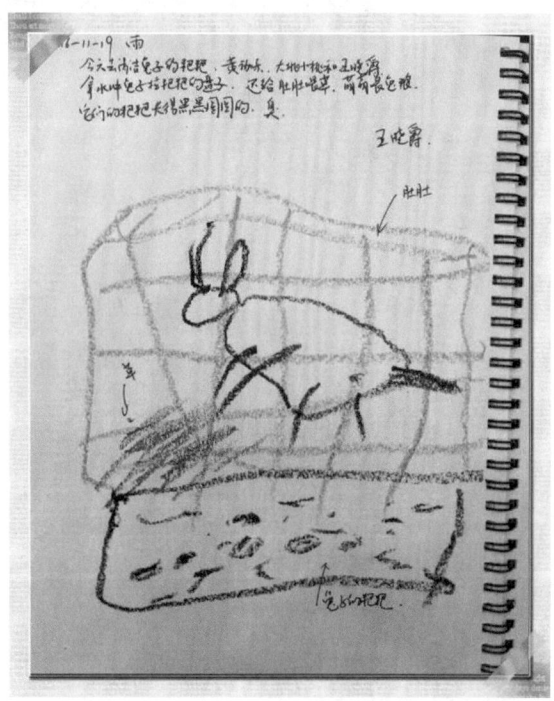

小班《儿童日记》（二）

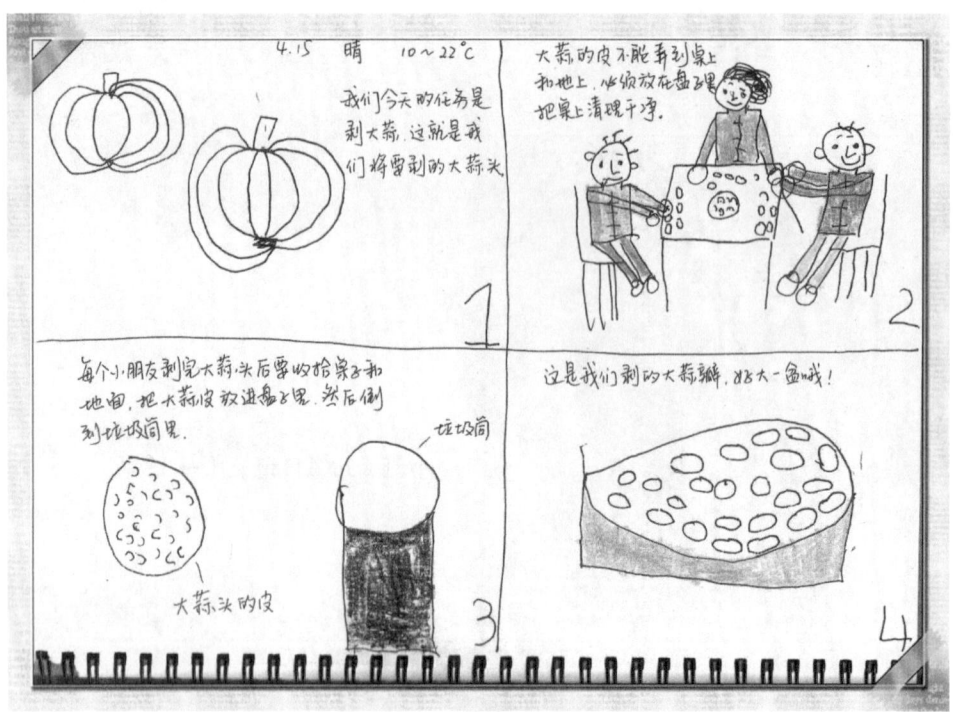

中班《儿童日记》(一)

中班《儿童日记》(二)

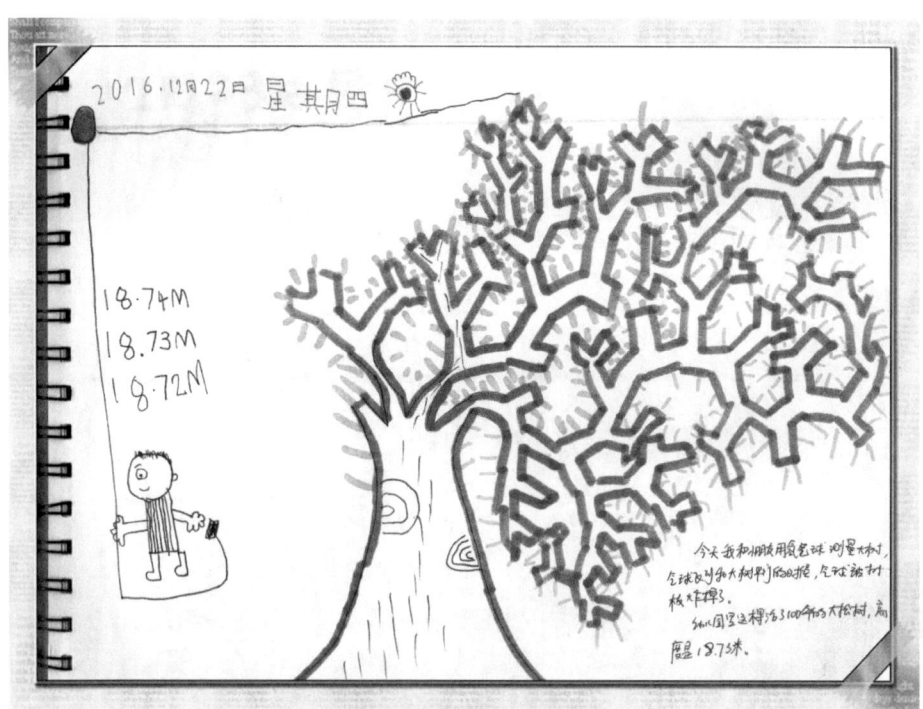

大班《儿童日记》(一)

大班《儿童日记》(二)

小班幼儿《绘本漂流》(范例)

班组会议记录表(范例)

班级	大三班	时间	2016年10月10日

主持人:王秋悦

参加人:王芳 王妍

主要内容:

一、前期工作

1．戏剧《老鼠嫁女》准备到位,工作量较大,新主题已经进入"我和大树做朋友",下周展演给家长观摩;

2．区域:主题环境的创设工作,深入开展;

3．区域的教育指导,人员分工进一步明确;

4．新主题活动(绘本5×2=10本购买);

5．《还给孩子》语言区,《叶脉》美工区调整。

二、幼儿的情况

近期生病的孩子较多,做好以下调整工作:

1．多喝水;

2．开窗通风;

3．休息;

4．吃药问题;

5．体检单回收(补检)。

三、特殊儿童的教育工作

1．宝宝近期进步较大,奶奶陪同1~2个月;

2．继续关注,进一步教育和引导。

四、后期工作

1．周五戏剧展演,化妆(美叮当、新娘等)。

化妆—换演出服(9:20)—候场

2．生活馆。

包饺子(2~4组):饺皮、饺馅准备工作要落实。

3．元旦活动准备。

备注:各班每月进行一次班组会议,并及时做好记录。

小班幼儿发展评估表

作品取样系统发展检核表（3~4岁） 尚未发展：儿童无法展现指标行为 发展中：儿童间歇性地展现指标行为 熟练：儿童稳定地展现指标行为			学期末			学年末		
			尚未发展	发展中	熟练	尚未发展	发展中	熟练
健康与动作	大动作发展	1．保持正确的站、坐和行走姿势						
		2．能协调地做出走、跑、跳等基本动作						
	精细动作发展	1．愿意探索使用常见的工具						
		2．能手眼协调地完成简单的操作						
	个人健康与安全	1．有初步的自我服务意识						
		2．能在成人的提示下完成日常自我护理						
		3．学习健康与安全的简单规则，知道避开危险保护自己						
语言与文学	听	1．能倾听并了解意义						
		2．依从两个步骤的指示行事						
	说	1．能够说出自己的需要						
		2．喜欢模仿新词汇和句子						
	读	1．喜欢看书						
		2．理解听到的故事并有回应						
	写	1．通过画、说和扮演表现故事						
		2．以涂鸦的方式表达意思						
科学与自然	数与运算	1．对数量、形状、规律等简单数学概念感兴趣						
		2．理解5以内的数量关系，并在生活中简单运用						

续表

作品取样系统发展检核表（3~4岁） 尚未发展：儿童无法展现指标行为 发展中：儿童间歇性地展现指标行为 熟练：儿童稳定地展现指标行为			学期末			学年末		
			尚未发展	发展中	熟练	尚未发展	发展中	熟练
科学与自然	科学探究	1．对生活的环境感兴趣，以感官观察和探索自然世界						
		2．愿意尝试运用各种工具探索大自然的秘密						
艺术与审美	音乐感知与表达	1．喜欢倾听音乐，能随韵律做简单动作						
		2．愿意参加集体表演，一起唱简单童谣						
	美术感知与表达	1．喜欢涂涂画画，大胆地使用工具、材料进行美术活动						
		2．喜欢美术活动，体验美术活动的快乐						
社会与情	自我意识	1．愿意参加集体活动，觉得自己很能干						
		2．在指引下遵守简单的活动常规						
	社会文化	较快适应和熟悉幼儿园新环境						
	与他人关系	1．愿意和哥哥姐姐成为朋友						
		2．愿意和同伴互动，能对同伴表示喜爱、关心和同情						

南京市第二幼儿园幼儿健康行为规范

小班：

  幼儿园里真开心，健康宝宝人人爱。

  手心手背洗干净，大口吃饭不要喂。

  照着镜子擦嘴巴，衣服裤子自己脱，嘘嘘臭臭快快去。

中班：

  豆豆蚁，长大啦！爱刷牙，爱洗脸。

  修指甲，不吃手。打喷嚏，掩嘴巴。

  吃饭香，不挑食。坐得正，站得直。

  知冷暖，会穿脱。理图书，收玩具。

  小椅子，排整齐。豆豆蚁，真正棒！

大班：

  勤洗澡，常换衣，内外衣服穿整齐。

  惜粮食，会用筷，桌上饭粒捡干净。

  学拖地，学擦桌，公共卫生大家做。

  头放正，胸挺直，坐立姿势要端正。

  爱运动，常锻炼，动静交替很科学。

  早点睡，早点起，起卧时间有规律。

  懂礼貌，讲卫生，我是二幼小主人。

后 记

"幼儿园生命成长启蒙教育课程"一路走来，承载了二幼几代人的心愿，"让每个幼儿健康成长"是二幼教育人几十年的不懈追求。自2010年9月至今，历经七年的重构实践，从园部领导到一线教师，带动幼儿和家长全面卷入课程实践，从教育理念到课程实施呈现了富有创意的诠释。在"十三五"之际，我们欣喜地看到了《幼儿园生命成长启蒙教育课程》丛书的首次出版。

这一切来之不易，特别想对很多人说感谢。首先，要感谢的是二幼历任领导和全体教师为此付出的艰辛和努力。朱玉华园长、张珲娟副园长、朱清副园长在任期间开始了"生命成长"的课程研究，初步形成了绿色和谐校园文化体系，这为我们"生命成长启蒙教育课程"奠定了坚实的基础。陈学群园长带领我园管理团队用踏实诚恳的态度走进教育现场，和教师们一起围绕幼儿"生命成长"、教师"生命成长"、校园文化"绿色和谐"进行了深入细致的课程文化实践研究，践行着"生命孕育于自然之源，成长得之于和谐之境"的指导思想，致力于"促进幼儿全面而和谐、自由而充分、独特而富有个性的发展"，提出教育要"尊重幼儿、崇尚天性"，要让幼儿获得"自由充分"的发展，要培育"完整儿童"。在生命成长启蒙教育课程理念下的幼儿是"亲近自然、热爱运动、良好品行、乐于探索"的，这些教育理念和实践成果，为梳理和发展"幼儿园生命成长启蒙教育课程"奠定基础，指明了方向。

其次，要感谢二幼的所有教师，是他们结合课程发展目标，创造性地构建了课程框架和课程实施内容与方式。感谢课程试点班的教师对课程做出开拓性的研究，并提供了翔实的教学反思和儿童观察。感谢由园教科室教师、年级组长，南京市、区教研骨干和高校研究生等组成的实践智囊团，在课程推进研究过程中，在我们遇到困难时敞开心扉、出谋划策、梳理思路和开拓实践。

感谢南京师范大学虞永平教授、顾荣芳教授、许卓娅教授、刘晶波教授等专家一直以来在我园课程发展和建构方面无私的关怀和专业的指导；感谢南京师范大学冯建军教授在"幼儿生命化教育"理念中的引领，感谢华东师范大学刘晓东教授、南京师范大学张永英教授对课程理念提升的指导；感谢在"九五""十一五""十二五"期间，来我园指导的唐淑教授、张慧和教授、邱学青教授、张俊教授，是你们的专业引领，为二幼后期发展奠定了基础。

《幼儿生命成长启蒙教育课程》丛书分为《幼儿园生命成长启蒙教育课程·教师用书》《幼儿园特色课程实施方案》和《幼儿园区域游戏总动员》三部分，《幼儿园生命成长启蒙教育课程·教师用书·小班上》由彭云和王妍著。李冰、王灿灿、周渊、景骏、郭寒、王芳萍等教师参与了本课程的实践。除了感谢参与实践的教师，还要特别感谢我们挚爱的二幼的孩子们，是他们让课程更加鲜活而富有生命力,感谢一直在默默支持我们的二幼的家长们,他们积极行动,主动配合,令我们的付出更有意义。衷心地感谢他们!

因为时间紧迫,本书可能有不够完善之处,请广大读者多提宝贵意见。同时,由于我们无心疏忽,可能会将您的名字暂时疏漏,请您以宽大之心谅解我们的无心之举并继续一如既往地关心、爱护成长中的二幼!感谢!

陈学群　彭　云

南京市第二幼儿园

2017 年 10 月

图书在版编目（CIP）数据

幼儿园生命成长启蒙教育课程．教师用书．小班．上／彭云，王妍著．-- 南京：南京师范大学出版社，2017.12（2023.9重印）
 ISBN 978-7-5651-3590-3

Ⅰ.①幼… Ⅱ.①彭…②王… Ⅲ.①学前教育－教学参考资料 Ⅳ.① G613

中国版本图书馆CIP数据核字(2017)第303153号

书　　名	幼儿园生命成长启蒙教育课程·教师用书·小班·上
丛 书 名	幼儿园生命成长启蒙教育课程
丛书主编	陈学群
作　　者	彭　云　王　妍
责任编辑	吴曼丽
出版发行	南京师范大学出版社
地　　址	江苏省南京市玄武区后宰门西村9号（邮编：210016）
电　　话	（025）83598919（总编办）　83598412（营销部）　83598312（邮购部）
网　　址	http://www.njnup.com
电子信箱	nspzbb@163.com
照　　排	南京凯建图文制作有限公司
印　　刷	扬州市文丰印刷制品有限公司
开　　本	787毫米×1092毫米　1/16
印　　张	14.75
字　　数	329千
版　　次	2017年12月第1版　2023年9月第2次印刷
书　　号	ISBN 978-7-5651-3590-3
定　　价	30.00元
出 版 人	张　鹏

南京师大版图书若有印装问题请与销售商调换
版权所有　侵犯必究